나도
화장품이나
수입해서
팔아볼까?

나도 화장품이나
수입해서 팔아볼까?

저자 조희령
감수 정옥자
펴낸이 김재현
펴낸곳 (주)지식공간

초판 1쇄 발행 2012년 7월 17일
초판 5쇄 발행 2016년 6월 15일
개정판 1쇄 발행 2018년 8월 1일

출판등록 2009년 10월 14일 제300-2009-126호
주소 서울 은평구 진흥로 67(5층,진선빌딩)
전화 02-734-0981
팩스 0504-398-0934
메일 nagori2@gmail.com
디자인 유영현

ISBN 978-89-97142-06-4 03320

이 책은 저작권법에 따라 보호받는 저작물이므로 무단전재와
복제를 금지하며, 이 책 내용의 전부 또는 일부를 이용하려면
반드시 저작권자와 ㈜지식공간의 서면동의를 받아야 합니다.

이 도서의 국립중앙도서관 출판시도서목록(CIP)은 e-CIP홈페이지
(http://www.nl.go.kr/ecip)와 국가자료공동목록시스템(http://www.nl.go.kr/kolisnet)에서
이용하실 수 있습니다.(CIP제어번호: CIP2012003011)

* 잘못된 책은 구입하신 곳에서 바꾸어드립니다.

최신개정판

나도 화장품이나 수입해서 팔아볼까?

투잡으로 시작해
화장품 회사 CEO가 된
35세 쁘띠 무역상 이야기

조희령 지음
정옥자 감수

지식공간

이 책은 삶이 고단한 인생 후배들에게 허울뿐인 도전을 강요하는 책이 아니다. 답이 보이지 않는 현실을 헤쳐 나가기 위한 친절한 가이드북이자, 상당히 정성스러운 해설서다. 노하우를 나누고 싶어 하는 사람은 흔치 않다. 그녀처럼 특별한 사명감이 없다면 말이다. 그녀의 어시스턴트로 시작한 내가 이제는 그녀를 평생의 스승으로 삼은 것도 바로 그 때문이다. 이 책은 분명 수많은 청춘들에게 다채로운 의미로 다가갈 것이다.

　　　　　레페리 뷰티 크리에이터 엔터테인먼트 브랜드컨설팅팀 팀장 오다미

뷰티MD를 하다보면 트렌디한 화장품을 발 빠르게 소개해주는 MD만의 비밀병기 수입업체가 꼭 필요하다. 이 책의 저자인 조희령 이사가 그런 비밀병기 같은 수입업체인데…… 그런데 이 책 너무 솔직하게 노하우를 공개한 건 아닌지 보면서 놀라움을 감추지 못한다. 수입화장품의 유통 비밀까지 그대로 담다니. 〈쁘띠 무역상〉을 꿈꾸는 사람들에게는 이보다 좋은 화장품 수입/판매/유통 지침서는 없지 않을까.

　　　　　스킨알엑스 팀장 류현승

여자에게 '무역'은 관심거리가 아니지만 '화장품 무역'이라면 얘기가 다르다. 친절한 문장 덕에 화장품 상거래법은 술술 읽히면서, 사업의 중요 덕목은 날카롭고 아프게 새겨진다. 뷰티 에디터의 깐깐한 눈에도 빛나는 보석 같은 정보들이 가득하다. 전교 1등의 필기 노트를 훔쳐보고 있는 듯 착각을 불러일으키는 《소규모 화장품 무역상》의 성공 노트.

《얼루어코리아》 뷰티디렉터 강미선

주변에서 추진력 뛰어난 1인을 꼽으라면 주저 없이 조희령을 떠올린다. 차근차근히, 하지만 많은 일을 한꺼번에 추진하는 멀티-태스커이며, 혀를 내두를 만큼 집요한 구석도 있다. 천생 사업가다. 책에서도 이런 기질이 그대로 드러난다. 20~30대 일하는 여성을 위한 잡지를 만들다보면, 왜 비즈니스적으로도 훨씬 우월한 재능을 지닌 여성들이 남성 위주로 돌아가는 회사에 자신을 끼워 맞추기 위해 애쓰다가 좌절하는지 의문스러웠다. 저자 조희령은 여자가 잘할 수 있는 비즈니스 영역을 찾아냈고, 그녀만의 방식으로 당당히 성공했다. 그녀의 도전에, 나아가 힘겹게 쌓아온 노하우를 세상에 공개하는 그녀의 용기에 박수를 보낸다.

《슈어》 편집장 정옥자

INTRO

나는 쁘띠 무역상이다

"책을 읽고 경험 삼아 이탈리아 참치 가공업체에 이메일을 보냈는데 정말로 샘플이 왔어요. 시간 되시면 제 아이템 좀 같이 봐 주시겠어요?"

투잡으로 창업을 한 게 엊그제 같은데 벌써 13년째 수입무역 일을 하고 있습니다. 처음 이 책을 쓴 지도 벌써 여섯 해가 지났네요. 여전히 저는 수입무역을 하고 있고, 책을 통해 많은 예비 수입무역업자들을 만났습니다. 그동안 저는 화장품 카테고리에 국한하지 않고 자동차 매트에서부터 향신료까지 다양한 제품군의 국내 미유통 브랜드들을 수입했습니다. 그 사이 화장품법은 수도 없이 수정, 보완되어 개정에 개정을 거듭했습니다. 화장품법 개정 시기에 맞춰 개정판을 내야 한다는 생각을 했지만 현장에서 실무와 씨름하다 보니 조금 늦어졌습니다.

이 책을 읽은 많은 분들이 연락을 주셨습니다. 독자들 중에는 실제로 이탈리아에서 병에 든 참치를 수입한 분도 있었고, 그밖에 유럽의 병원용 화장품, 러시아산 간식류, 프랑스 회사의 슬리밍 팬티 등을 수입하여 유통한 이들도 있었습니다. 책에서 설명한 절차에 따라 본사에 연락을 취했고 이메일로 협상을 하여 정말로 계약을 맺게 되었다며 신기해하는 모습을 볼 때면 저 역시 대견하고 또 뿌듯했습니다.

지난 6년의 시간 동안 우리나라의 수입무역 개념에 많은 변화가 일어났습니다. 비단 화장품만이 아닌, 폭넓은 분야에 해당하는 이야기입니다. 무엇보다 큰 변화는 '직구' 시장의 성장입니다. 책을 낸 직후에 이미 병행수입이 허용되면서 독점 수입이라는 개념이 무너졌는데, 이제는 더 나아가 소비자들이 좋은 제품을 해외에서 직접 수입해서 사용하는 시대가 되었습니다.

직구는 구입액에 따라 면세 적용이 가능하다는 점 때문에, 가격 메리트가 큰 유통 경로로서 급부상했습니다. 물류의 발달에 힘입어 젊은 층의 직구에 대한 관심은 앞으로도 쭉 이어지리라 예상합니다. 그럼에도 수입무역업이 사라질 수 없는 이유는 '국내 유통 채널에서 직접 제품을 확인하고 구매할 수 있다'는 장점이 있기 때문입니다.

　직구가 수입무역 분야에서 나타난 가장 큰 변화라 한다면, 유통 분야의 획기적인 변화로는 '소셜 셀러'라는 새로운 유통 채널이 등장한 것을 꼽을 수 있습니다. 더 이상 녹색 창에 검색을 하지 않고 스마트폰의 관련 앱조차 사용하지 않는 밀레니얼 세대들은 유튜브 채널을 통해 검색은 물론 쇼핑까지 원스톱으로 끝마칩니다. 유튜브와 인스타그램은 뷰티 튜토리얼에 머물지 않고 라이브 방송을 통해 제품을 직접 판매하는 채널이 되었습니다.

　1인 미디어를 운영하는 크리에이터들은 이제 시대를 대변하는 미디어로 확고히 자리를 잡았고, 레페리 뷰티 엔터테인먼트와 같은 매니지먼트사들이 나서서 체계적인 교육과 관리를 담당하는 실정입니다. 이 시장의 가능성이 어느 정도일지는 아무도 예상치 못하지만, 2018년 현재 인스타그래머의 이틀치 매출이 대형 마트의 4개월 매출과 맞먹는다는 소식이 심심치 않게 들려옵니다.

　마지막으로 화장품 시장의 트렌드 또한 변화했습니다. 백화점 1층의 고급 브랜드에서부터 참신한 중저가 수입 화장품으로 중심이 이동한 후, 최근에는 세계적인 K뷰티의 열풍으로 한국산 화장품 시장이 대두하고 있습니다. 실제로 미국의 '세포라(Sephora)' 매장에는 K뷰티 섹션이 벽면 하나를 가득 채우고 있습니다. 국내의 인기 브랜드는 물론이고 한국에는 유통되지 않는 국산 브랜드까지 소비자들의 많은 사랑을 받고 있습니다. 어찌 보면 수입화장품 시장이 작아진 것 같지만, 현지에서 오랜 전통을 쌓은 히스토리컬 브랜드들은 인기가 여전합니다. 뷰티 트렌드에 따라 짧은 간격으로 출시되는 국내 제품들과는 달리, 소비자들이 오랜 시간 사용하여 임상 효과를 검증한 제품들이기 때문입니다.

　이렇듯 눈 깜짝할 사이에 많은 것들이 변화하는 시대지만 이 책이 말하는 큰 흐름은 한결같습니다. 독립을 꿈꾸면서도 늘 용기를 내지 못했다면 투잡으로 창업에 도전해보라는 것. 수입무역으로 세상에 존재하는 수많은 좋은 제품들을 직접 소개하는 보람을 느껴보라는 것입니다.

　화장품은 여전히 많은 소비자들이 주목하는 분야입니다. 특히 한국의 화장품이나 뷰티 트렌드는 전 세계의 시선을 받고 있으며 앞으로도 열기가 쉽게 식지 않을 것입니다. 앞서 소개했던 독자들처럼 화장품만이 아니라 더 다양한 분야의 제품에 관심을 가지고 수입무역에 첫발을 내딛기를 바라며, 그 도전에 이 책이 조금이라도 도움이 되길 바라는 마음입니다.

CONTENTS

Interview
쁘띠 무역상, 조희령에게 묻다 **016**

Part One
낮에는 회사원, 밤에는 화장품 회사 사장님? **029**

투잡이나 해볼까? **031**
쁘띠 무역업에 필요한 화장품 공부법은 따로 있다 **036**
어깨너머로 무역을 배우다 **047**

Part Two
본격 사업 시작! 그리고 시행착오의 연속 **053**

나의 첫 직함은 이사 **055**
뭘 수입하지? **060**
브랜드 찾기 1 : 온라인 쇼핑몰 분석 **065**
브랜드 찾기 2 : 화장품 박람회 **069**
브랜드 찾기 3 : 현지 시장 조사 **073**
브랜드 컨택하기 **082**
샘플 & 가격표 보내주세요 **087**

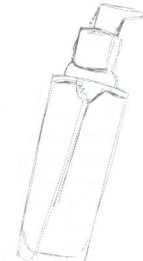

Part Three
우리, 수입하게 해주세요 **091**

기본 서류가 왜 이렇게 많아요? **093**
이제, 계약합시다 **099**
송금하고 물건 받기 **103**
수익을 찾아서 **108**

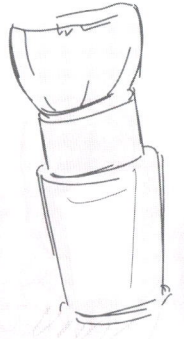

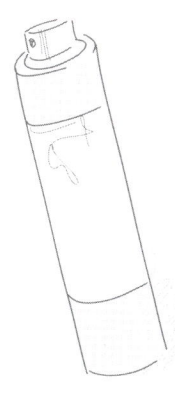

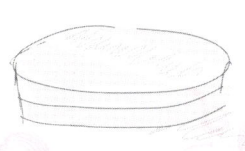

Part Four
PR보다 영업 *113*

쁘띠 무역회사의 이상적인 조직도 *115*
다다익선 : 많을수록 좋은 유통의 미학 *121*
PR은 액세서리다 *135*

Part Five
고객의 소리를 찾아서 *139*

빛보다 빠른 배송 *141*
댓글로 팝니다 *146*
바다 건너 본사를 관리하라 *154*

Part Six
비용 절약의 노하우 *161*

선배 쁘띠 무역상의 조언들 *163*
스스로 알게 된 노하우 *168*

Part Seven
달라진 화장품법 *175*

이제부터 쁘띠 무역상은 제조업자다? *177*
화장품 표시, 광고 관리 가이드 라인 *180*
화장품 원료 규정의 큰 변화 *183*

Epilogue
쁘띠 무역업 성공 조언 4 *186*

INTERVIEW

쁘띠 무역상,
조희령에게 묻다

> **'쁘띠 무역상'
> 이라는 용어가
> 생소한데요.**

한마디로 '소규모 무역상'이라고 생각하시면 됩니다. 화장품을 비롯해 패션 액세서리, 생활용품 등을 해외에서 수입한 후, 별도의 매장없이 온라인 쇼핑몰이나 기존의 드럭 스토어(CJ 올리브영, 롭스, 랄라블라, 부츠 등)를 통해 판매해 소득을 올리는 것이 제가 하는 일이죠. 사실 저희 같은 소규모 무역상들에게는 따로 붙여진 이름이 없었습니다. '오퍼상'이라는 말은 범위가 너무 넓고, 무역업자라고 하기에는 무역량의 규모가 작은 편입니다. 그래서 저희가 취급하는 물품이나 물량들이 작고, 여성들이 좋아하는 예쁜 물건들인 점에 착안해서 '쁘띠(petit, 불어로 '작은'이라는 뜻) 무역상'이라 호칭하고 있습니다.

> 말씀하신 대로라면 수입할 만한 제품이 꽤 많았을 텐데 처음부터 화장품을 고집하셨나요?

아니요. 기억하는 분이 계실지 모르겠지만 쁘띠 무역상으로 처음 도전한 제품은 여름에 노출이 심한 옷을 입을 때 난감해지는 상황을 막아주는 '양면테이프'와 '겨드랑이 땀 흡수 패드'였답니다. 화장품이나 식품류보다 통관이나 유통 절차가 까다롭지 않아서 편했고, 이전에 국내에 없던 제품이라 시장에서 폭발적인 관심을 끌었어요. 하지만 문제가 있었습니다. 여름에는 주문을 맞출 수 없을 정도로 잘 팔렸지만 겨울로 접어들자 매출이 급속도로 줄어들었습니다. 계절의 영향을 많이 타는 제품이었어요. 그래서 다음 도전 아이템을 고민하게 되었습니다. 당시 제가 다니던 화장품 회사의 CEO는 자본금 6천만 원으로 여동생과 함께 프랑스 화장품을 수입 판매하기 시작해서, 누적 매출만 450억 원 이상인 회사로 성장시켰죠. 옆에서 보면서 '나도 할 수 있겠다.'는 자신감이 생겼어요. 자연스럽게 화장품 쪽으로 가닥을 잡았지요.

단도직입적으로 물어볼게요. 한 달 평균 얼마나 버시나요?

정확한 수익은 회사 기밀이라 언급하기 어렵습니다. 직장인의 연봉으로 환산한다면 대략 1억 정도입니다. 기본적인 연봉 외에도 매달 매출과 수익에 따라 유동적인 수입이 있고요. 히트 상품이 있거나 거래 금액이 큰 홈쇼핑 판매가 이루어져 수익이 많이 발생했을 때나 B2B 거래 등으로 실적을 올릴 경우에는 조금씩 더 가져가는 편입니다.

처음부터 그렇게 많이 버신 것은 아니겠죠?

앞서 밝혔듯이 처음에 '투잡족'으로 시작했습니다. 낮에는 화장품 회사 PR 직원으로 일하고, 밤시간과 주말에는 쁘띠 무역상으로 일했죠. 양면테이프를 팔던 시절에는 다행히 일이 잘 풀려서 일반 직장인의 연봉에 해당하는 3천만 원 정도의 수익을 가져갔던 것으로 기억합니다. 직장 급여와 합하면 꽤 벌이가 괜찮았죠. 하지만 다니던 화장품 회사를 그만두고, 파트너였던 선배와의 동업을 끝내고 저만의 사업체를 본격적으로 설립한 시점에는 벌이가 그리 좋지 않았습니다. 2009년 3월에 회사를 설립했는데 6개월이 지난 9월까지도 제대로 체결된 계약이 하나도 없었거든요. 약간의 불안과 초조함을 안고 지내다가 우선 임대료라도 벌면서 겨울을 나자는 생각으로 서둘러 화장품 브랜드를 찾아서 급하게 계약을 맺었습니다. 그 브랜드가 바로 틴 케이스 립밤을 필두로 한 '로즈앤코(Rose & Co.)'라는 영국 브랜드였습니다. 운 좋게 그 겨울에 복고풍 립밤 붐이 일었고, 판매가 급격히 늘었습니다. 그렇게 올린 첫 달 매출이 당시 사무실 임대료와 운영비를 합한 금액과 딱 맞았던 기억이 나네요.

> **세일즈나 경영 경험이 전혀 없는 평범한 여성도 할 수 있을까요?**

제가 가장 많이 받는 질문인데요, 대부분의 여성분들은 사업이라고 하면 겁부터 먹습니다. 남성보다 자금 투자에 대한 부담감이나 실패하면 어쩌나 하는 두려움을 더 많이 느끼는 것 같아요. 저만 해도 20대 후반까지는 사업에 전혀 뜻이 없었던 사람이었습니다. 사업가나 장사꾼은 타고 나는 거라고 여겼지요. 심지어 처음 시작할 때도 '투잡으로 용돈벌이나 해보자'는 생각이 고작이었죠. 솔직히 쁘띠 무역상이 되기 전에 알고 지내던 직장인 가운데 저보다 사업 수완이 뛰어난 분들도 많았고, 직장 그만두고 내 일을 찾고 싶다며 늘 입버릇처럼 말하는 사람도 많았지만, 그들은 여

전혀 쳇바퀴 도는 삶을 살고 있어요. 제게 남다른 점이 있다면 그들보다 결단력과 추진력, 그리고 약간의 용기가 더 있었다는 거겠죠.

수입 무역은 해외의 좋은 제품을 찾아서 계약을 맺고 국내에 유통시키는 게 기본입니다. 좋은 제품을 찾을 수 있는 선구안, 부지런함, 계약을 맺을 수 있는 언어 능력, 제품을 수입할 자금 동원력이 있으면 누구나 시작할 수 있다고 생각합니다. 대한민국 여성들의 경우 화장품에 대한 관심과 지식 수준이 매우 높고, 인터넷 검색 능력도 탁월하잖아요? 이미 준비가 되어 있는 거죠. 다만 대학을 갓 졸업한 사람이나 직장 생활 경험이 전무한 분들에게는 당장 시작하라고 권하고 싶진 않습니다. 어느 정도 직장에서 경험을 쌓으며 회사 혹은 기업의 구조와 생리를 익히는 게 필요합니다.

> **처음에 동업으로 시작하셨다죠? 다들 친구나 가족과의 동업은 말리던데…**

저는 오히려 동업을 권하고 싶어요. 제품 발굴 및 해외 본사 컨택 업무, 수입/통관 업무, 유통 관리 및 매출 정리 업무, 제품 포장과 고객 관리 등을 혼자 감당하기란 힘들죠. 기어코 나 혼자 감당하겠다고 하면, 일이 힘든 건 둘째고 매출 규모가 작아질 수밖에 없어요.

제 경우 처음에는 일하면서 알게 된 선배와 동업을 했습니다. 현재는 여동생 부부와 함께하고 있고요. 2~3인 정도의 정예 요원이면 충분합니다. 물론 구성원 간의 역할 분담이 명확하고, 각자의 책임을 완벽하게 수행해야 합니다. 친구나 가족과 동업하지 말라는 말은 아마도 합리적이고 이성적이어야 할 경영에 감정이 끼어들 수 있다는 우려 때문인 것 같아요. 동업을 한 이후로 선배와 저는 종종 의견이 달랐는데 그럴 때마다 당장 얼굴을 보고 논의하거나 아니면 전화를 붙잡고 의견을 조율했습니다. 새벽 4시까지 전화로 논쟁하고 결정했던 적도 있죠. 어느 한쪽이 희생당하고 있다는 생각이 들면 관계는 악화일로를 걷게 됩니다. 불만이 생기거나 섭섭한 마음이 들면 적절히 풀거나 아니면 아예 마음에 담아두면 안됩니다. 그것만 주의한다면 친구나 가족이야말로 좋은 파트너죠. 회사가 수익이 나지 않는 초기라도 자연스럽게 고통 분담을 해줄 사람들이니까요.

화장품에 대한 지식은 어느 정도 수준이면 될까요?

아는 게 병이라죠? 화장품에 대해 너무 많이 알면 오히려 역효과를 낼 수 있습니다. 너무 잘 알고 있으면 미리 앞서가게 되고, 좋은 제품을 찾아내지 못할 수도 있으니까요.

또 로션은 어디 브랜드가 좋고 스킨토너는 어느 브랜드가 시장을 독점하고 있다는 식의 선입견을 갖고 있으면, 감히 새로운 브랜드를 런칭하겠다는 생각조차 못할 수 있습니다. 유명 화장품 회사 마케팅 담당 출신으로 쁘띠 무역업에 도전했다가 보기 좋게 실패한 사람도 있습니다. 자신이 아는 지식에 너무 의존한 나머지 온라인 쇼핑몰 고객들의 취향이나 관심사에 대해 공부하지 않았던 것이 패인이었죠.

부끄럽지만 화장품에 관한 한 제 지식 수준은 '중' 정도라고 생각해요. 대학 때부터 거의 화장을 안 했고, 기본적인 화장품의 용도와 사용법 정도만 알고 있었습니다. 그러다가 화장품 PR일을 하게 되었는데, 화장품에 대해 워낙 모르다 보니 '공부하듯이' 화장품을 대했습니다. 무식하면 용감하다고 하죠? 아는 게 없으니 초반 몇 개월 동안은 관련 지식이다 싶으면 무조건 습득하려고 애썼는데, 그 지식이 지금 사업을 하는 데 자양분이 되고 있습니다.

초기 투자비용은 어느 정도면 될까요?

첫 아이템이었던 '양면테이프'의 경우는 사실 선배가 외국 잡지를 보다가 찾아내서 용돈이나 벌까 하고 혼자서 수입해 팔던 제품이었습니다. 처음에는 1백 개, 그 다음에는 5백 개, 1천 개 식으로 조금씩 수입량을 늘렸는데 당시 기준은 '실패해서 다 잃더라도 금세 회복시킬 수 있을 정도의 금액을 투자하는 것'이었다고 해요. 일단 감이 없으니 '팔릴 것 같은데……' 하는 느낌이 들면 한 달치 급여를, '진짜 잘 팔릴 것 같은데……' 하는 느낌이 들면 두 달치 급여를 투자하는 식으로 기준을 설정하면 될 것 같습니다. 투자비용에 대한 기준은 여건에 따라 다르겠지만, 처음에는 회복 가능한 정도의 소규모 투자로 시작하기를 권합니다.

하루 일과는 어떻게 되나요?

아침 10시경에 출근해서 여동생 부부와 함께 그날의 스케줄을 서로 체크합니다. 이후에는 각자 업무를 처리하고요. 저녁이 되면 그날 들어온 온라인 주문을 확인한 후, 포장 및 배송 작업을 하죠. (예전에는 직접 포장하고 송장 출력해서 붙이는 등 직접 배송 작업까지 했지만 지금은 배송 팀을 따로 두고 있습니다.) 마지막으로 다 같이 저녁식사를 하고 퇴근합니다. 시간은 자유로운 편이지만 따로 통제해주는 사람이 있는 게 아니라서 자율적인 통제가 필요하고요, 직장인일 때보다 업무시간은 더 긴 편입니다. 또 정확히 주 5일을 지키기는 힘듭니다. 신속한 배송을 원칙으로 하다 보니 택배사 휴무일을 제외하고는 거의 매일 사무실을 지키고 있어야 하지요. 명절 연휴나 법정 공휴일을 제외하고는 전 직원이 따로 휴가를 쓰는 건 생각하지도 못했습니다. 직장 다닐 때는 근무시간이 조금이라도 길어지면 억울한 마음이 앞섰는데, 내 사업이라는 생각을 하면 주말에 출근해도 피곤하거나 귀찮지 않습니다. 아, 작년에 갑자기 주문이 쇄도해서 재고가 바닥난 적이 있네요. 팔 물건이 없으니, 다음 제품이 선적될 때까지 어쩔 수 없이 일주일간 전 직원이 휴가를 내야 하는 예외적인 상황이었죠.

> **직장에 다니던 시절과 비교하면 어떤가요?**

매우 만족합니다. 일단 직장인이라면 흔히 갖게 되는 답답한 느낌, 상사가 주는 압박감 같은 스트레스는 확실히 없어요. 예전에는 아침에 눈을 뜨면 '회사에 뭐라고 변명하고 결근을 할까?' 따위의 생각을 하며 일탈을 꿈꿨었죠. 그런데 지금은 그런 생각이 전혀 안 들어요. 마지막 직업이 화장품 회사 PR 담당이었는데, 이 부서는 직접 매출을 올리는 위치는 아니지만 매출이 안 나오면 아무래도 긴장하고 늘 약간의 압박감을 느꼈습니다. 하지만 제 사업을 하면서는 이달 매출 실적이 나쁘면 '다음 달에 잘하자'며 마음을 편히 먹게 되더라고요. 물론 회사 운영 자금이 빠듯할 때나 경기 흐름에 따라 매출이 출렁일 때 막연한 불안감이 생기긴 하지만, 그래도 단언컨대 회사 다니면서 느끼는 스트레스와 비교하면 매우 미미한 수준입니다. 참, 직장인일 때는 지각을 거의 안 했는데, 지금은 눈치 볼 사람이 없으니 종종 지각을 한다는 점이 다르네요.

> **투잡으로 시작했다고 하셨는데 다니던 회사에서 전혀 몰랐나요?**

제 경우는 조금 특수한 상황이었습니다. 다니던 화장품 회사 사장이 제게 사업을 권장했었거든요. 물론 진심이 아니었을지도 모르고, 퇴사 후에 해보라고 했던 것일 수도 있지만요. 양면테이프를 수입하며 나름의 사업을 시작한 어느 날, 점심식사 시간에 사장에게 사업을 시작했노라고 털어놓았습니다. 경쟁이 될 수 있는 화장품을 취급하는 게 아니라서 그랬는지, 당시 사장은 여러 가지 조언도 들려주는 등 약간의 도움을 줬습니다. 회사별로 직원의 투잡이 가능한 회사가 있고 이를 금지시키는 회사도 있는 것으로 알고 있습니다. 근로계약서를 꼼꼼히 읽어보시고 결정하셔야 될 것 같습니다. 하지만 어느 경우건 절대 본래 업무에 영향을 끼쳐서는 안 되겠죠.

처음 사업을 시작하시던 시기와 지금은 너무 다르지 않은가요?

2009년 제가 처음 화장품 수입을 시작했을 때 이미 후발 주자들이 경쟁적으로 뛰어 들어 분위기가 과열된 상태였습니다. 이제는 병행수입과 직구 시장의 성장으로 수입 화장품 시장은 더 이상 블루오션이 아니라고들 합니다. 최근엔 수입 화장품뿐만 아니라 국내 제조 화장품까지 매일매일 새로운 브랜드가 론칭되어 시장은 한층 더 치열해지고 있습니다.

그럼에도 불구하고 이 분야에 비전이 있다고 생각하시는 거죠?

경제 불황에도 끄떡없던 백화점 1층의 화장품 매장들조차 지금은 제법 큰 타격을 입고 있는 게 현실입니다. 하지만 화장품 시장 자체의 불안정성보다는 소비자들이 더 똑똑해졌다는 것이 이면의 원인이라 할 수 있습니다. 그런 점에서 본다면 화장품은 여전히 비전 있는 시장입니다. 소비자들은 더 이상 브랜드력으로 제품을 판단하고 선택하지 않습니다. EWG(미국 비영리 환경단체)나 화해(화장품 성분 어플) 같은 정보원을 통해 화장품의 성분을 확인하는 소비자들이 늘어났습니다. 안전한 성분을 전제로 새로운 화장품을 찾고자 하는 호기심은 오히려 이전보다 훨씬 커졌습니다.

우리나라 여성들의 화장품에 대한 관심과 열정이 전 세계에 K 뷰티 열풍을 불러온 것이라고 봅니다. 예전과 비교할 수 없을 정도로 정보 공유가 쉬워진 상황에서 한국 여성들이 열광하는 화장품에 다른 나라에서도 많은 관심을 보입니다. 새로운 브랜드나 제품에 늘 관심을 갖는다는 것도 우리나라 소비자들의 특성입니다. 그렇기에 화장품은 쁘띠 무역상들이 여전히 강점을 발휘할 수 있는 분야라고 생각합니다.

지금의 생활에 만족하시나요?

아마 현재의 삶에 100% 만족하는 사람은 드물 거라고 생각합니다. 저도 100% 만족하고 있지는 않습니다. 다만 다른 업체나 사람들에 비해 적은 규모로 시작해 빠른 시간에 안정적인 회사를 만들었고, 여전히 고군분투하는 생활은 제게 즐거움으로 다가옵니다. 그리고 경제적인 여유도 무시할 수는 없지만 그보다는 제 삶의 질이 향상됐다는 점에서는 만족하고 있습니다. 늘 새로운 아이템을 발굴하는 일이라서 걱정스럽고 불안할 때도 있습니다. 하지만 끝끝내 이뤄냈을 때 느끼는 성취감은 '참 재미있었던 시간들'로 기억됩니다.

PART

낮에는 회사원,
밤에는 화장품 회사 사장님?

dossier

28살, 네 번째 직업으로 프랑스계 화장품 PR일을 시작하게 됐다. 그전까지 화장품에 관련한 경력은 전무했고, 평상시 화장품에 대한 관심도 '중하' 수준이었던 내가 말이다. 하지만 생각보다 적응은 어렵지 않았고, 어깨 너머로 일을 배우면서 화장품 수입이라는 게 그리 어렵지 않다는 걸 깨닫게 되었다. 그리고 다니던 회사 사장과의 갈등이 조금씩 커지자, 마음 속에 다른 꿈이 자라게 됐다. 바로 나도 화장품 수입을 해보자는 것. 그렇게 남몰래 '주경야경(낮에도 일하고 밤에도 일하는)'이 시작되었다.

1
CHAPTER

투잡이나 해볼까?

당시 내가 다니던 프랑스계 화장품 수입사는 직원의 이직률이 높았다. 회사 규모가 작다 보니 다 얼굴 알고 지내는 처지에, 입사한 지 채 몇 달도 되지 않아 또 다시 누군가가 이직한다고 하면 덩달아 내 마음도 겉잡기 힘들어졌다.

그렇게 일종의 권태기가 찾아왔던 어느 초가을, 친한 선배와 만나 저녁을 먹고 청계천 주변을 걸었다. 그러다 문득 '뭘 좀 수입해다 팔아볼까?' 하고 화제를 던졌다. 물론 이런 대화는 누구나 나눌 수 있고, 대부분 그냥 지나가는 얘기가 되기 마련이다. 하지만 선배의 입에서 의외의 말이 흘러나왔다. "사실은 내가 말야…" 알고 보니 선배는 몇 년 전에 외국 잡지를 보다가 양면테이프와 겨드랑이 흡수 패드를 취급하는 한 미국 브랜드를 찾아냈고, 거절당해도 좋으니 시도라도 해보자는 생각으로 '당신네 회사 제품을 한국에서 팔아보고 싶다'는 내용의 이메일을 보냈다고 한다. 의외로 OK라는 답변이 왔고, 이후 순전히 혼자 힘으로 연간 몇 백 개씩 수입해서 온라인 마켓에 판매하며 용돈벌이를 했던 적이 있다고 했다. 귀가 번뜩 뜨였고, 심장 박동이 빨라졌다. 선배가 수입해 팔았다던 그 아이템은 아이디어가 워낙 독특해 상당한 경쟁력이 있었고, 선배 역시 혼자서는 힘에 부쳐서 그만뒀지만 함께한다면 꼭 성공할 수 있을 것 같다며 내 결정에 힘을 실어줬다. 하지만 무엇보다도 당시 내 마음이 절실했다. 정신적 안정을 위해서라도 투잡이 필요하다는 판단이었다. 회사에서의 스트레스를 잊게 해줄 무언가가 필요했고, 보기 좋게 사표를 내던지고 나왔을 때 기댈 만한 무언가도 필요했으니까.

졸지에 동업자가 된 우리는, 각자 다니는 회사에 매여 있는 몸이니 상주 직원 한 명을 구하기로 했다. 고민 끝에 편집 디자인을 공부하고, 온라인에서 의류 쇼핑몰을 운영해본 경험이 있는 여동생을 채용했다. 그리고 결혼 자금이나 마련할까 해서 들었던 펀드 하나를 해지했다. 당시 펀드가 한창 치솟을 때라 은행 창구 직원도 엄마도 모두 말렸지만 내 결심은 확고했다. 한편 동업을 하는 선배는 아버지께 사업안을 설명 드리고 돈을 투자받았다. 부녀지간이지만 이자율을 명기한 서류도 작성했다고 했다. 그렇게 마련한 돈이 2천만 원 정도였다.

　　미국 본사와의 얘기는 의외로 순조로웠다. 지난 몇 년간 선배가 구축해놓은 신뢰를 바탕으로, 한국 시장의 독점 판매 약속을 받아냈고 좋은 조건으로 거래를 시작했다. 여동생이 예전에 운영하던 온라인 쇼핑몰 사이트를 되살려 제품을 등록하고, 건너건너 소개받은 잡지사 기자들에게 홍보 기사를 부탁했다. 제품 사진과 함께 우리 쇼핑몰 주소가 게재되자 주문이 몰려들기 시작했다. 한 달 후, 선배는 개인적으로 아는 이가 당시 꽤 유명한 화장품 쇼핑몰의 MD로 이직했다는 사실을 알아냈다. 그분을 만나 우리 회사의 아이템을 보여주니 매우 흥미로워하며 당장 자사의 사이트에서 팔아보자며 담당자와의 미팅을 주선해주었다.

　　온라인 쇼핑몰 입점 효과는 정말 놀라웠다. 불과 4개월 만에

세 명이 투자했던 초기 자금을 모두 회수할 정도로 제품이 팔려나갔다. 주문이 폭주하자, 낮에 다니는 회사 업무는 더 이상 스트레스가 아니었다. 하루 종일 열심히 회사 일하고 퇴근하면 나를 기다리는 새로운 일이 산적해 있다는 사실조차, 즐거운 자극이 됐다.

지금도 거래처 미팅을 하거나 새로운 사람을 만나면 '어떻게 사업을 시작하셨어요?'라는 질문을 많이 받는다. 그때마다 나는 모든 사람들에게 투잡을 적극적으로 권한다. 투잡을 권하는 이유는 두 가지다. 첫째, 무턱대고 사업한답시고 안정된 직장을 버리는 건 무모하다고 생각하기 때문이고 둘째, 회사 생활이 지겹게 느껴질 때 투잡으로 새로운 도전을 함으로써 생활의 활력소를 되찾을 수 있어 정신적 안정을 경험할 수 있기 때문이다.

처음 투잡으로 쁘띠 무역상이 됐을 때 내가 동업자였던 선배에게 가장 많이 했던 이야기가 있다. 바로 회사와 상사에게 아무리 스트레스를 받아도 퇴근 후 확인해 볼 내 매출을 생각하면 웃음이 절로 나온다는 거였다.

> 쁘띠 무역업에 관심 있어 하는 주변
> 사람들에게 나는 늘 투잡으로 시작할 것을
> 적극적으로 권한다. 이유는 두 가지다.
> 첫째, 무턱대고 안정된 직장을 버리는 건
> 무모하다고 생각하기 때문이고
> 둘째, 회사 생활이 지겹게 느껴질 때
> 투잡으로 새로운 도전을 함으로써 생활의
> 활력소를 되찾을 수 있기 때문이다.

CHAPTER 2

쁘띠 무역업에 필요한 화장품 공부법은 따로 있다

20대 후반까지 내게는 화장품과 관련한 경력이 전무했다. 더 솔직히 고백하자면, 평소 화장품을 많이 사용해보지도 않았고 화장품은 물론 피부 미용에 큰 관심조차 가져본 적이 없었다. 그런 내가 몇 번의 이직을 통해 프랑스 수입 화장품 홍보를 맡게 되었다. 여전히 화장품에 관해 초짜일 때 말이다.

그러다 보니 화장품에 대한 나의 접근법은 '속성 화장품학 매스터하기'에 가까웠다. 화장품의 카테고리, 성분, 사용법, 유통기한 읽기, 제형별 특징, 인증 표시 체크 등등 일반 여성들이 전혀 관심을 두지 않는 전문적인 내용들부터 알아야 했다. 또한 판매자의 입장에서 다양한 소비자의 취향과 요구에 맞는 제품인지를 판별할 수 있는 감을 길러야 했다. 열심히 공부한 결과, 약 한 달 만에 뷰티 기자들이나 타 브랜드 홍보 담당과 편하게 대화하고 질문에도 답할 수 있는 수준이 되었고, 이때 습득한 지식은 지금 사업을 하는 데도 유용하게 쓰이고 있다. 그러니 후배 쁘띠 무역상들도 두려워 말도록.

화장품학 성분 공부

대한민국 여성이라면 누구나 토너, 로션, 크림 등 화장품의 종류 및 각 제품의 쓰임에 대해 이미 알고 있을 것이다. 따라서 이 부분은 생략하고 본론으로 들어간다.

쁘띠 무역업을 하다 보면, 화장품 성분이 얼마나 다양하고 중요한지 절감하게 된다. 화장품 성분이야말로 제품의 효능에 대한 이해는 물론이고 세관 통관, 판매, 소비자 불만 등 모든 분야의 기초가 되기 때문이다. 그러니 이왕 준비를 할 생각이라면 이 부분부터 마스터하는 게 좋다.

나만의 학습법은 좀 무모했다. 일단 화장품의 성분을 모조리 나열하고 각 성분의 설명을 다 읽고, 이해하고 가능하면 외우기로 했다. 요즘은 모든 화장품에 대해 '전 성분 표시할 것'의 원칙이 적용되므로, 제품 용기에 적혀 있는 성분 표시만 읽어도 필요한 성분명을 알 수 있기는 하다. 성분 목록을 만들고, 각 성분명을 검색해서 주원료와 특징과 기능 등을 표로 정리했다.

성분명은 ICID(International Cosmetic Ingredient Dictionary 국제화장품 원료 사전)에 등재된 명칭(INCI International Nomenclature Cosmetic Ingredient)의 한글 표기법 그리고 일반적으로 알려진 명칭 등 다각도로 검색해서 공부했다. 예를 들어 보습 성분 중 하나인 히알루론산(Hyaluronic Acid)의 경우, 히알우론산으로 부르는 업체도 있으므로 이 두 가지를 모두 알고 있어야 한다. 또 서점에 가서 화장품 성분과 관련한 책들을 구입해서 비교하면서 성분의 특징과 효과, 사용법 등을 읽어본 후 해당 제품에서 어떤 기능(Function)으로 사용된 건지 꼼꼼히 조사해 종합했다. 화장품 성분은 수천 수만 가지라 모든 내용을 머릿속에 입력하는 건 무리다. 기본적으로 많이 사용되는 성분, 학계 발표나 공신력 있는 기관을 통해 그 효과가 입증된 성분, 그리고 최근 이슈가 되는 성분만이라도 확실히 알아두면 도움이 된다.

TIPS 국내 시장에서 인기 있는 대표 천연 성분

꿀 예부터 피부를 부드럽게 해주는 성분을 많이 함유하고 있는 원료로 알려져 있다. 화장품 원료에는 천연 꿀만 쓰인다.

로즈힙 오일 최근 강력한 보습 작용으로 이슈가 되며 인기몰이 중이다.

바닷소금 주로 사해바다 소금을 원료로 한 제품이 많은데 해수에 녹아 있는 미네랄 등 각종 성분들이 피부에 좋은 작용을 한다.

쉐어버터 사용감과 효능, 두 가지 모두 만족시키는 대표적인 화장품 성분 중 하나. 보습 및 유연 효과가 뛰어나다.

알로에베라 안정적인 화장품 원료로 피부를 부드럽게 하고 탁월한 매끄러움을 선사한다.

위치하젤 마법의 꽃이라 불리며, 화장품에서 널리 사용되는 원료 중 하나다. 화장수나 로션에 주로 사용된다.

화장품 회사 홍보로 일하던 시절에 알게 된 사실이 바로, 한 브랜드에서 사용하는 성분은 아무리 많아야 거기서 거기라는 사실이다. 기본적으로 중요시 여기는 성분이 있다면 그 성분을 중심으로 30여 가지 이내의 성분들을 가지고 조합하여 제품을 생산하는 것이 일반적이다. 따라서 내가 취급하려는 브랜드의 성분에 대해서만이라도 철저히 공부하면 된다.

화장품 성분 검색용 주요 사이트

코스메틱컨설팅닷컴(www.cosmeticconsulting.com)에서 운영하는
www.icid.kr
ELCA Korea 출신인 대표가 운영하는 화장품 컨설팅 회사의 사이트로 다른 어느 곳보다 정확하게 검색 가능하며, 화장품과 관련된 모든 궁금증을 해결해주는 친절한 사이트. 전화로 문의해도 되고 정식으로 컨설팅을 의뢰할 수도 있다. 문의 전화 070-7727-2300

https://www.ewg.org/skindeep/
최근 우리나라 소비자들이 가장 신뢰하는 화장품 성분 정보 사이트

미국 비영리 환경단체가 운영하는 사이트로, 화장품에 포함된 주요 성분을 안전한 정도에 따라 1~10등급으로 분류하여 공개한다.

http://www.hwahae.co.kr/
'화장품을 해석한다'라는 모토를 내걸고 EWG와 마찬가지로 화장품 성분에 대한 정보를 제공한다.

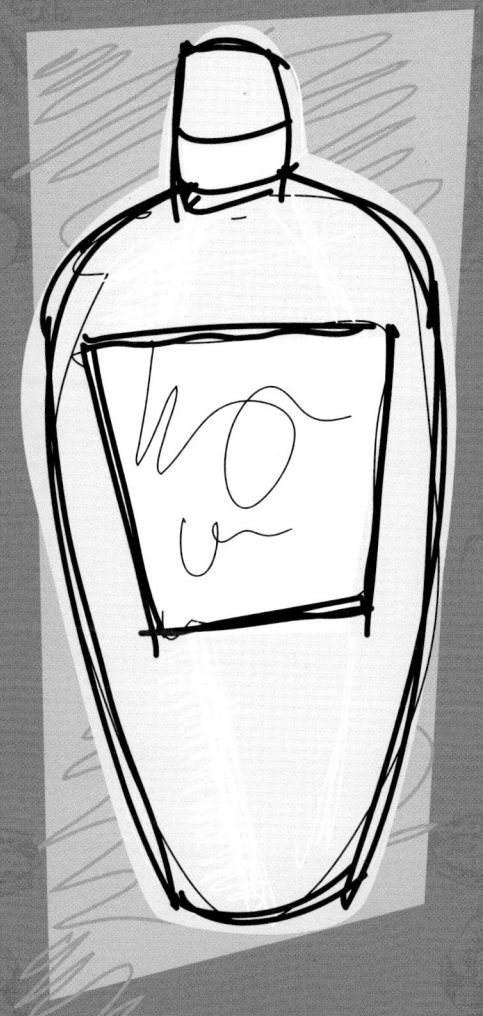

코스메슈티컬 코스메틱(Cosmetic)과 약품을 뜻하는 파마슈티컬(Pharmaceutical)의 합성어. 피부과 의사나 의료 기관에서 연구·개발에 참여한 화장품.

성분과 관련해서 인증 마크도 알아두는 것이 좋다. 최근에는 우리나라 소비자들도 원산지 표시나 유기농 성분에 대한 관심이 높아졌으므로, 미국과 유럽, 호주 등지의 인증 마크를 검색한 후, 따로 프린트해두도록 한다. 이 책에서는 인증마크 내용은 생략한다.

advice 요즘 소비자들은 성분에 대해 많은 정보를 공유하고 있다. 간혹 의약품수출입협회에서도 허가된 성분이고 우려하지 않을 정도의 소량만 사용했음에도 소비자들 사이에서는 유해 성분으로 낙인 찍힌 성분들이 있다. 마음에 두고 있는 브랜드이거나 제품이라면 수입해서 들여오기 전에 성분의 안정성을 충분히 알려서 논란이 생기지 않도록 준비해야 한다. 하지만 소비자들의 인식을 바꾸기는 쉽지 않다. 이러한 성분을 포함한 제품이라면 수입 고려대상에서 빼는 편이 나을 수도 있다. 두고두고 리뷰에서 그 성분에 대한 언급이 올라올 뿐 아니라 소비자 문의 전화의 대부분이 그 성분에 관한 내용일 확률이 높다.

반드시 발라보고 맡아보고 결정할 것!

어떤 화장품이 '대박'을 낼 수 있을지의 여부는, 사실 브랜드 결정 단계에서 이미 정해진다. 그런데 아무리 해외에서 성공한 브랜드라고 해도, 의외의 복병에 발목을 잡히는 경우가 있으니 바로 제품의 질감과 향이 국내 소비자들의 취향과 다를 때다. 따라서 화장품의 성분을 파악하고 나면, 제품을 직접 사용해보는 게 중요하다. 이때 제형뿐 아니라 향이나 색깔, 용기의 편리성 등 오감을 다 활용해 다양한 감각으로 사용감을 느껴야 한다. 성분이 아무리 좋다고 해도 향이나 바를 때의 느낌이 별로라면 베스트셀러가 될 확률도 낮아지기 때문이다. 철저히 소비자의 입장에서 소비자들이 느낄 감각을 체험하는 것이 좋다.

이때 미리 습득한 성분표를 떠올리면서, 어떤 성분이 어떤 기능으로 사용된 건지, 그 성분이 어떻게 작용하는지 판단하려고 노력해보는 것이 중요하다. 만약 향 성분 중에 '로즈 오일'이 포함되어 있다면 이 향이 어느 단계에서 진하게 발향하는지 체크하고, 미네랄 워터 성분이 포함되어 있다면 그만큼 깊이 있는 촉촉함이 있는지 느껴보려고 애써보아야 한다. 질감에 있어서는 대한민국 여성 소비자들이 선호하는 제형인지를 파악한다. 대표적으로 크림의 경우, 요즘 여성들은 손등 위에 펴 발랐을 때 매우 부드럽게 펴지면서, 2~3회 둥글려 펴 바르는 동작만으로도 금세 흡수되는 질감을 좋아한다. 흡수된 후에는 표면에 진득거리는 느낌이 남지 않고, 실리콘처럼 매끈한 마무리감을 주는 제품을 선호한다. 향의 경우, 우리나라 여성들은 지나치게 강한 향이나 달착지근한 향을 선호하지 않는다. 또한 경험에 따르면, 오이 향에 대해서는 호불호가 확실히 갈리는 편이다. 선호하는 향은 아기 분 냄새 같은 파우더리향, 레몬이나 라임 같은 시트러스 계열 향이며, 최근에는 무향 제품에 대한 선호 및 신뢰도도 높은 편이다. 최종적으로는 제품을 혼자 사용해보지 말고 여러 피부 타입의 주변 사람들과 함께 테스트해 봐야 한다. 아무리 브랜드 별로 주 타겟층이 정해져 있다고 해도 실제 구매층은 불특정한 다수이기 때문에 다양한 연령대의 사람들에게 시험 사용을 권해보고 공감을 이룰 수 있는 제품을 선택하는 게 바람직하다. 특히 지성 피부나 민감성 피부의 사람들이 주변에 있다면 확실히 테스트 그룹에 포함시키는 것이 좋다.

advice

화장품의 효능 및 질감에 대한 테스트 기간은 최소 3개월에서 12개월 정도까지로 길게 잡는 것이 좋다. 우리나라는 사계절이 뚜렷해서 계절마다 피부 컨디션이 다르기 때문에, 최소한 연달아 세 계절만이라도 직접 테스트해보는 게 좋다. 실제로 우리가 취급하는 화장품의 경우에는 제품 사용 후에 생긴 피부 트러블을 호소하는 고객들의 전화가 매우 드문 편이다. 그럼에도 불구하고 기상예보에서 급격히 건조해진 날이나 환절기에는 이전에 느끼지 못한 피부 증상이라면서 전화 문의가 들어오기도 한다. 1년이라는 테스트 기간이 지나치게 길다고 생각할 수도 있다. 하지만 테스트 기간이 짧음으로 인해서 미처 파악하지 못했던 제품의 단점이, 전체 사업을 위기로 몰아갈 수 있다는 것을 되새기며 인내심을 갖도록.

물론 요즘은 '가장 핫한' 아이템을 서로 베껴서 재빨리 확산하는 것이 추세라, 이렇게 테스트에 오랜 시간을 들이는 것은 어려울 수 있다. 그래서 순하다는 성분만 모아서 제품을 만드는 듯하다. 오랜 시간 테스트할 수 없으니 검증된 착한 성분들만 사용해 안정성을 보장받으려는 것. 하지만 나는 근본적으로 이런 방식에 동의하지 않는다. 좋은 음식도 과하게 먹으면 건강을 해칠 수 있다. 오랜 시간 직접 사용하면서 안정성과 안전성을 스스로 입증하지 못한다면 판매는 하지만 내 가족이 사용하기는 어려울 것이다. 이러한 조심성 때문에 우리 회사가 대박을 마구 터트리지 못한다는 평가도 있지만, 한편으로는 이 신중함이 우리의 저력이기도 하다. 우리 회사의 대표 브랜드인 세이어스가 좋은 예다. 미국에서 무려 170여 년 동안 꾸준히 사랑받은 세이어스는, 트렌드가 가장 빨리 변한다는 우리나라에서도 곧 10년차를 맞이한다.

> 화장품의 성분을 파악하고 나면,
> 제품을 직접 사용해보는 게 중요하다.
> 이때 제형뿐 아니라 향이나 색깔,
> 용기의 편리성 등 오감을 다 활용해 다양한
> 감각으로 사용감을 느껴야한다.
> 성분이 아무리 좋다고 해도
> 바를 때 느낌이나 향이 별로라면
> 베스트셀러가 될 확률도 낮아지기 때문이다.
> 철저히 소비자의 입장에서 소비자들이 느낄
> 감각을 체험해 보는 것이 좋다.

3
CHAPTER

어깨너머로
무역을 배우다

 나의 전공은 의류학이었고, 이후의 직업 역시 화장품 쪽과는 거의 연관이 없는 분야의 홍보 일이었다. 하지만 프랑스계 수입 화장품 회사에 막상 들어와 보니, 업종만 바뀌었을 뿐 기존에 내가 하던 홍보 업무와 별반 차이가 없었다. 그러다 보니 생각보다 빠르게 회사 업무에 적응했다. 특히 이전 직장에 비해 조직이 작다 보니, 다른 부서들의 업무가 한눈에 들어왔다.

점심 식사나 간식시간에 주고받는 대화만 들어봐도, 그들이 어떤 일을 하고 어떻게 일하는지 알 수 있었다. 대화는 주로 당시 내게는 생소했던 화장품을 취급했던 거래처와 있었던 일, 판매를 위해 전략을 구상하는 일에 대한 것이었는데 짧은 일화만으로도 충분히 흥미로웠다. 내가 입사할 때만 해도 그 회사에는 홍보팀이 완전히 꾸려지지 않아, 내 자리는 영업팀 한쪽에 마련되었다. 자연스럽게 영업팀의 대화가 들렸다. 몇 달 후에는 신규 브랜드 런칭팀, 수입통관 담당자들과 책상을 나란히 하고 앉게 됐다. 회사에서 새롭게 런칭하는 브랜드의 가장 처음 시작부터 각 거래처 입점 현황까지 한눈에 볼 수 있게 된 것이다. 자연스레 수입과 통관이 어떻게 이뤄지는지도 지켜볼 수 있게 되었는데 지금 생각해보니 말 그대로 어깨너머로 수입무역의 전반적인 업무를 접하며 체득하게 된 게 이때였다. 화장품은 물론 무역에 대해서도 '하룻강아지'였던 나였건만, 왠지 할 수 있겠다는 자신감이 생기기 시작했다.

논코메도제닉(Non-Comedogenic) 모공을 막을 염려가 있는 성분을 포함하지 않았다는 의미. 여드름 피부용 제품에 흔히 표시되어 있다.

수입 무역이란?

　　수입 무역이라고 거창하게 적어놓고 보면, 너무 복잡하고 어려운 절차는 아닐지 걱정부터 들기 시작할 것이다. 그래서 화장품 수입의 경우만 놓고 봤을 때의 수입 절차를 간단하게 정리해보았다. 절차별 자세한 사항은, 제5장에서 설명하도록 하겠다.

STEP 1　수입할 브랜드를 찾고 거래를 제안한다
STEP 2　거래조건이 오고 가고 계약을 맺는다.
STEP 3　첫번째 주문서를 작성하고, 이 주문서를 토대로 관련 기관으로부터 화장품을 수입하기 위한 기본적인 서류를 발급 받는다. 의약품 수출입협회에 제출하고 승인을 받는다.
STEP 4　승인을 받으면, 본사에 주문 서류를 보내고 송금한다.
STEP 5　운송 방법을 결정하고, 운송 업체를 결정한다.
STEP 6　제품이 우리나라에 도착하면 관세업체를 통해 통관 처리를 하고, 필요한 세금을 지불한다.
STEP 7　최종적으로 물건을 전달받으면 완료.

PART

2

본격 사업 시작!
그리고 시행착오의 연속

dossier

2년 다니던 회사를 그만두고, 사업을 시작하기로 했다. 회사를 떠나던 날은 속이 시원하기만 하고, 앞으로 이보다 더 못할 짓을 하겠나 싶었다. 하지만 집에 도착한 순간부터 어디서 무엇부터 시작해야 할지 막막했다. 그때 평범한 회사원으로 회사를 다니던 여동생의 남편이 함께 화장품 무역업을 해보자고 제안했다. 성공 여부가 미지수인 가운데 가족을 끌어들이는 것은 아니겠다 싶어서 처음에는 거절했다. 하지만 제부는 끈질기게 나를 설득했고 결국 그와의 동업을 결정했다. 한 달 후 광화문에 사무실을 얻었고, 이전의 개인 사업자 형태의 회사 대신 법인을 설립했다.

1
CHAPTER

나의 첫 직함은 이사

투잡의 매력은 뭐니뭐니 해도 수입이 두 배가 된다는 사실이다. 나 역시 월급 외에도 부가적인 수익이 생기니, 굳이 잘 다니던 직장을 그만둘 필요가 있겠나 생각하게 됐다. 당장 회사를 그만두겠다고 생각하고 시작한 투잡 생활이, 그후로 무려 1년 여간 지속되었다. 화장품 회사의 PR이 주된 업무였지만 자연스럽게 본래 업무 외에 무역 관련 부분과 유통 부분을 눈여겨보게 되었고, 생생한 필드 노하우를 접하고자 일부러 옆 부서 사람들과 식사를 함께하고, 단순

한 호기심을 가장해 궁금했던 내용들을 물어봤다. 문제는 아는 것이 많아질수록 쁘띠 무역업에 대한 열망이 더 강해졌다는 것. 어느 날 직장에서의 여러 갈등이 정점에 달했다고 느꼈을 때 결심했다. '투잡'을 청산하고 '독립 잡'을 가지기로 한 것이다. 화장품 홍보 일을 시작한 지 겨우 2년 만의 일이었다.

지금 생각해보면 당시 내 사업 규모는 쁘띠 무역상으로 명함을 내밀기에는 창피할 정도였다. 의류용 양면 테이프와 겨드랑이 땀 흡수 패드 등 두 가지 제품을 중심으로 기껏 5~6종의 제품을 취급하고 있었고, 거래하는 온라인 쇼핑몰도 서너 곳이었다. 그러니 개인사업자로만 등록해서 운영해도 큰 문제가 없었다.

하지만 본격적으로 무역업을 시작하기로 마음먹자 생각이 바뀌었다. 앞으로는 여러 브랜드의 제품을 취급하는 무역 회사의 형태가 될 것이고, 거래처의 숫자나 매출 규모 역시 늘어날 것이 분명했다. 그래서 회사 형태를 개인사업자가 아닌 법인 회사로 바꾸기로 결정했다. 고심 끝에 광화문의 꽤 유명한 주상복합 건물에 오피스텔을 얻어 사무실을 차렸다. 그 전까지 우리의 사무실은 부모님과 함께 사는 집 한켠이었다. 명색이 소호(SOHO : Small Office Home Office)였지만, 별도의 창고가 없었기에 미국에서 주문 상품이 도착하면 베란

다에 가득 쌓아두어야 했다. 일단 사무실을 얻고 나자 상당한 금액의 사무실 월세를 내기 위해서라도 꼭 성공해야 했다. 의지가 불끈 솟았다.

또한 인력 구성에도 변화가 필요했다. 당시에는 프리랜서 편집 디자이너였던 친동생이 디자인과 상품 등록, 배송 등의 업무를 도맡았고 공동대표격이었던 선배와 나는 상품 기획이나 홍보, 마케팅에만 관여했다. 직원이라고 해봤자 고작 3명인데, 선배와 나의 역할이 한 분야로 겹치다 보니 효율성이 떨어졌다. 그 무렵 선배가 직장에서 갑작스럽게 승진을 했고, 일이 바빠졌다. 그리고 결국 사업에서 빠지겠다는 의사를 표시했다.

인력 배치를 재정비해야 했다. 기획과 마케팅은 내가 맡고, 여동생이 디자인과 상품 등록 업무를 맡았다. 그리고 영업 경험이 있는 제부가 수입 승인과 영업 업무를 맡기로 했다. 포장과 배송 업무는 공통의 작업으로 정했다. 4년이 지난 현재는 좀 더 세분화해 분야별로 직원을 고용하고 있다. 하지만 기본 틀은 앞서 언급한 정확한 역할 분담에 근거하고 있다.

advice **제조판매업 등록과 제조판매업자**

화장품을 수입하는 쁘띠 무역상들은 화장품의 안전관리를 위해 제조판매업을 등록하고 제조판매관리자를 채용해야 한다. 법 개정 초반에는 수입한 화장품에 한글 표시 사항 스티커를 부착하는 작업을 제조로 판단해서 제조업도 등록해야 했는데 이 부분이 완화되어 이제 제조업 등록은 별도로 하지 않아도 된다.

제조한 화장품 혹은 수입한 화장품을 유통, 판매하거나 수입대행형 거래를 목적으로 알선, 수여하려는 자는 식약처장에 제조판매업을 등록하고 화장품 품질관리 및 제조판매 후 안전관리에 적합한 기준을 갖추어야 하며 '제조판매관리자'를 두어야 한다고 법으로 규정한다.

제조판매관리자의 자격 요건도 많이 완화되어 소규모 업체의 부담을 덜었다.

제조판매관리자는 화장품의 안전성 확보 및 품질관리에 관한 교육을 매년 받아야 한다.

advice **개인사업자 VS. 법인사업자**

나처럼 투잡 형태로 쁘띠 무역업을 시작하거나, 초반에 조심스럽게 발을 들여놓고자 하는 사람이라면 개인사업자로만 등록해도 나쁘지 않다. 해외 화장품 브랜드와 계약을 할 때도, 이런 사실은 별로 문제가 되지 않는다. 하지만 사업 규모가 커지거나 국내 유통망(백화점 온라인 쇼핑몰, 드럭 스토어, 면세점)과 거래를 시작할 때는 법인 사업자로 변경하는 것이 유리하다. 법인의 경우에만 받을 수 있는 각종 세제 혜택이 있으며, 국내 유통사들은 신뢰도 면에서 확실히 법인 사업자를 선호하기 때문이다. 물론 경영이나 회계 처리 면에서 법인 운영이 개인사업자보다 훨씬 까다롭고 어렵다. 하지만 장기적인 사업을 구상 중이라면 법인 설립을 권하고 싶다.

에코서트(Ecocert) 프랑스의 유기농 생산물 감시 단체인 에코서트가 부여하는 유기농 인증 마크. 원료부터 완제품에 이르는 전 과정을 철저하게 심사하므로 믿을 만하다.

2
CHAPTER

뭘 수입하지?

　현재 우리 회사는 세이어스(THAYERS), 웨더텍(WeatherTech), 슬림앤고(Slim and Go), 헤이디(HEYi D) 등을 수입 유통하고 있다. 그 사이에 스코틀랜드 비누 브랜드와 영국의 립밤 브랜드, 미국의 립 케어 브랜드 제품을 수입하였으나 현재는 계약이 종료된 상태다. 그 밖에 몇몇 내추럴 브랜드들을 1년 가까운 시간 동안 검토하고 테스트한 결과 성분이나 안전성 문제로 최종 계약을 포기한 경험도 있다.

여전히 우리는 다른 쁘띠 무역상에 비해 실적이 적은 편이다.

우리 회사의 간판 브랜드인 세이어스는 미국에 본사를 두고 있는 내추럴 화장품 브랜드로, 9종의 토너를 주요 품목으로 하고 있다. 1837년에 시작된 세이어스는 그 역사만 약 170여 년에 이르는 유서 깊은 브랜드다. 대표 제품인 355ml 토너 하나의 국내 판매가는 약 1만 원대다. 하나에 수십만 원씩 하는 기능성 화장품과는 비교할 수 없을 정도로 저렴한 가격의 제품이지만, 바로 여기에 비밀이 있다. 온라인 쇼핑몰의 고객들은 이전에 본 적이 없는 새로운 제품이면서, 합리적인 가격대의 제품에 열광하기 때문이다. 실제로 이 전략이 주효해서, 세이어스는 주요 온라인 쇼핑몰은 물론 드럭스토어에서도 꾸준히 베스트셀러 목록에 오르내릴 정도로 많은 수량이 판매되고 있다. 제품 단가는 그리 높지 않지만 '박리다매'를 통해 회사에 높은 수익을 가져다주고 있다.

그러다 보니 많은 이들이 한결같이 이 보석 같은 화장품 브랜드를 어떻게 찾아냈는지 궁금해한다. 결론부터 말하자면 이들에게 뭔가 드라마틱한 스토리를 들려줄 수 없어서 미안한 마음이다. 이 제품은 사무실에서 인터넷 서치를 하다가 찾아낸 것이기 때문이다.

사업 초반에는 매일 새벽 2~3시까지 온라인으로 시장조사를 했었다. 각국의 화장품 온라인 쇼핑몰에 올라와 있는 제품들을 하나 하나 살펴보고, 낯선 브랜드명이 보이면 곧장 검색창에 넣어 홈페이지부터 찾았다. 세이어스는 미국의 화장품 리뷰 사이트에서 처음 발견했는데, 유명하지 않지만 평가 순위가 높은 상품이라 눈여겨보고 있었다. 그러던 중 국내외 블로거들의 인상적인 제품 리뷰를 읽게 되면서 마음을 정했다. 특히 기본 성분으로 소개된 두 가지 성분이 이미 국내에서 안정성이 입증된 성분이었다. 주저하지 않고 브랜드 홈페이지에 나와 있는 담당자 이메일로 수입을 의뢰했으나 반응이 부정적이었다. 끈질기에 설득하던 중에 담당자가 바뀌면서 대화가 급진전 되었다. 처음 메일을 보낸 후 6개월이 지나, 마침내 거래가 성사되었다. 로즈앤코를 비롯하여, 지금은 계약이 종료된 나머지 세 브랜드의 경우도 비슷하게 인터넷 서치를 하다가 찾아냈다.

이제는 수입할 화장품 브랜드를 찾는 방법이 다양해졌다. 해외 출장이 잦은 지인들이 현지에서 새로운 브랜드를 발견하고 알려주기도 하고, 직접 해외에 나가서 시장 조사를 하다가 찾아내기도 한다. 화장품 박람회에서 만난 브랜드로부터 꽤 괜찮은 제안들을 받은 적도 있고, 사업이 어느 정도 궤도에 오르고부터는 해외 파트너 사에서 다른 브랜드의 담당자를 직접 소개해서 연결해준 적도 있다.

괜찮은 브랜드를 찾아냈을 때 처음 해야 하는 생각은 '과연 이 브랜드가 국내에 들어와 있느냐'이다. 나로 인해 쁘띠 무역업에 관심을 갖고 준비하는 주변의 많은 이들이 들이미는 브랜드 리스트에 대해 나는 대부분 'No' 또는 '불가능'이라고 말해준다. 왜냐하면 기본적으로 당신이 알고 있거나, 몇 번 이름을 들어봤던 브랜드는 거의 100% 국내에서 유통 중이거나 수입될 예정이거나 대형 수입사와 이미 계약서에 서명이 끝난 직후라고 생각해도 좋기 때문이다. 그것도 아니라면 브랜드의 생산 사정이나 경영 철학에 의해 수출을 거절했을 가능성이 높다. 그만큼 경쟁이 치열하다는 얘기다. 따라서 수입할 화장품 브랜드를 찾아내는 일은, 끊임없이 계속되어야 한다. 컴퓨터 앞에 있을 때는 물론이고 잡지를 보거나, 다른 사람과 대화할 때도 늘 염두에 두고 있어야 한다. 나는 해외 출장길에 기차에서 시간을 떼울 목적으로 산 값싼 잡지에서 좋은 제품을 발견한 적도 있다. 사업 초창기에 동업했던 선배와 늘 했던 얘기가 있다. 좋은 브랜드는 하늘이 도와야 만날 수 있는 거라고. 늘 갈구해야 한다.

> 쁘띠 무역상을 준비하는 주변의 많은 이들이
> 들이미는 브랜드 리스트의 대부분에 대해
> 나는 'No' 또는 '불가능'이라고 말해준다.
> 왜냐하면 기본적으로 당신이 알고 있거나,
> 몇 번 이름을 들어봤던 브랜드는 거의 100%
> 국내에서 유통 중이거나 수입될 예정이거나
> 대형 수입사와 계약서에 서명이 끝난 직후라고
> 생각해도 좋기 때문이다.
> 그것도 아니라면 브랜드의 생산 사정이나
> 경영 철학에 의해 수출을 거절했을 가능성이 높다.

3
CHAPTER

브랜드 찾기 1: 온라인 쇼핑몰 분석

돈 한 푼 들이지 않고, 안방에서 좋은 제품을 찾을 수 있는 방법이 바로 온라인 쇼핑몰을 돌며 검색하는 것이다. 우선 세포라(Sephora)처럼 세계적으로 유명한 온라인 쇼핑몰은 메일링 서비스에 가입하도록. 그리고 메일이 올 때마다 틈틈이 들어가서 살펴본다. 물론 세포라처럼 알려진 쇼핑몰을 눈여겨봐야 하는 이유는 새 브랜드를 찾기 위해서가 아니다. 이곳은 워낙 까다롭게 선별한 제품만을 취급하고 있어서 이곳에 입점한 브랜드를 들여온다면 성공 가능성이 높다. 하지만 그만큼 국내에 이미 들어와 있거나, 아직 수입은 하지 않았지만 국내인이 판매권을 소유하고 있는 브랜드일 가능성이 높다. 세포라를 보라고 하는 이유는, 한마디로 전세계적인 화장품 시장 트렌드를 읽는 데 큰 도움이 되기 때문이다. 이곳에서 인기몰이 중인 브랜드와 제품이 어떤 것인지 유심히 살펴본 후, 이와 유사한 컨셉의 제품들을 찾아보면 되기 때문이다.

다음으로는 영국/미국/프랑스 등 각국의 유명 쇼핑몰의 신제품 위주로 살펴본다. 우리나라에도 유명 쇼핑몰이 있는 것처럼 영국이나 미국 등지에도 자국에서 유명한 쇼핑몰이 있기 마련이다. 쇼핑몰 주소는 각국의 대표적인 뷰티 잡지 몇 권만 읽어보면 금세 파악할 수 있다. 즐겨찾기로 등록한 후, 수시로 접속해서 새로 올라온 브랜드가 있는지 살펴본다.

가끔 영국, 미국, 프랑스 대사관의 상무관으로부터 수출을 희망하는 자국의 중소 화장품 업체의 정보를 배포하기도 한다. 경험상 별 기대할 것은 없으나, 이메일 주소를 제공하고 좋은 제품 정보를 보내줄 것을 의뢰하면 된다.

advice

조희령의 브랜드 서치용 즐겨 찾기 리스트

세포라 www.sephora.com, www.sephora.fr 미국과 유럽의 제품군이 전혀 다르기 때문에 별개의 사이트로 생각하고 각각 검색하도록 한다.

아마존 www.amazon.com의 뷰티 섹션 우리가 수입하는 세이어스는 최근 아마존 뷰티 섹션에서 베스트셀러, 베스트 리뷰, 스테디셀러, 높은 재구매율을 기록하며 미국 내 시장에서도 매출이 꾸준히 증가하고 있다. 유기농 마켓과 비타민 매장 위주의 유통 채널에서 아마존으로 확장한 이후 세이어스는 국민 토너로서의 입지를 굳히게 됐다. 이렇듯 아마존은 미국 내의 숨은 제품들을 찾기 더 없이 좋은 채널이다. 간혹 리뷰를 조작하는 업체가 있다고도 하지만, 미국이라는 시장 규모상 소비자들이 평가하는 별점 리뷰는 꽤 신뢰할 만하다.

온라인 리뷰 사이트 서치

나라별 화장품 리뷰 사이트나 소비자 커뮤니티를 통해 괜찮은 화장품을 만날 수 있다. 메이크업앨리(www.makeupalley.com)와 토털뷰티(www.totalbeauty.com)를 추천한다. 이곳에서 나는 'Unlisted Brand'를 기본 검색어로 설정하는데, 탄탄한 매니아 층이 있거나 전통 있는 브랜드를 찾기에 유효한 방법이다.

TIPS

주요 화장품 박람회, 코스모프로프(Cosmoprof)

매년 봄 이탈리아 볼로냐 코스모프로프 (최대 규모)
매년 여름 미국 라스베가스 코스모프로프
매년 가을 홍콩 코스모프로프

> 화장품 박람회에서 사람이 몰리는 곳은 거의 중국-일본-한국 브랜드들의 부스다. 경험상 중국이나 태국 브랜드는 국내 소비자들에게 별로 어필하지 못하고, 일본 브랜드의 경우 이미 선점하고 있는 무역사들이 많아서 경쟁하기 힘들다. 절대적으로 공략해야 할 나라들은 미국, 호주, 프랑스, 독일, 영국 등이다. 첫째 날은 이들 국가의 부스들만 대강 훑어본다. 어떤 제품을 취급하는지, 특징은 무엇인지, 우리 소비자들에게 먹힐지 등등을 파악한 후 다음날 가야 할 곳의 리스트를 간추린다.

4
CHAPTER

브랜드 찾기 2: 화장품 박람회

가장 최신의 화장품 정보를 얻고, 수출 제안에 적극적으로 응할 자세가 되어 있는 브랜드를 만나려면 화장품 박람회에 갈 것을 권한다. 일반인에게는 잘 알려지지 않았지만, 홍콩과 라스베가스, 이탈리아 볼로냐에서 열리는 '코스모프로프(OSMOPR) 박람회'가 대표적이다. 나는 가을에 열리는 홍콩 박람회와, 여름에 열리는 미국 라스베가스 박람회에만 참석했다. 매년 봄 이탈리아 볼로냐에서 열리는 박람회에 참석하지 못한 이유는 볼로냐까지 가는 직항 항공편이 없어서 단기간 출장에 적합하지 않았기 때문이다. 하지만 세계 최대 규모를 자랑하는 곳이라는 점과, 우리나라 여성들이 선호하는 유기농 화장품이나 내추럴 화장품들이 많이 참석한다는 점에서 조만간 방문하게 될 것 같다. 특히 유럽의 유기농 화장품 시장은 이미 성숙단계에 접어들었기 때문에 그 제품군의 다양성이나 역사에 있어 타의 추종을 불허한다.

화장품 박람회는 3~4일 정도 열리는데, 내 경험상 이틀 정도면 다 둘러볼 수 있다. 따라서 3박4일 정도로 일정을 잡아서 이틀은 박람회에 참석하고, 마지막 날은 해당 국가의 소매점을 파악하도록 일정을 짜면 좋지 않을까 싶다.

박람회에 가보면 가장 사람이 많이 모이는 곳은 중국-일본-우리나라 화장품 브랜드 부스다. 경험상 중국이나 태국 브랜드는 국내 소비자들에게 별로 어필하지 못하고, 일본 브랜드의 경우 이미 선점하고 있는 무역사들이 많아서 경쟁하기 힘들다. 절대적으로 공략해야 할 나라들은 미국, 호주, 프랑스, 독일, 영국 등의 브랜드다. 첫째 날은 이들 국가의 부스들만 대강 훑어본다. 어떤 제품을 취급하는지, 특징은 무엇인지, 우리 소비자들에게 먹힐지 등등을 파악한 후 다음 날 가야 할 곳의 리스트를 추린다. 이날 전반적인 화장품 트렌드를 파악할 수 있다. 예를 들어, 2006년에는 라스베가스에 갔을 때는 '미네랄 파우더' 부스에 사람들이 몰렸고, 2008년 홍콩에는 '발 뒤꿈치 케어' 제품을 취급하는 브랜드에 사람이 많았다. 물론 몇 개월 후, 이들 제품들이 트렌드가 된 것은 물론이다.

박람회의 둘째 날에는 전날에 정해둔 방문 부스들을 찾아간다. 제품 테스트를 하고 있으면, 브랜드의 담당자들이 먼저 와서 말을 건다. 이때 첫 질문은 늘 "한국에 이 브랜드 제품을 취급하는 디스트리뷰터가 있는가"이다. 없다고 하면 그때 자신의 회사를 소개하면 된다. 담당자가 관심을 가지고 있으면, 자료를 모아서 주는데 이때 수입 가격표를 함께 주는 곳도 있다. 서로 명함과 이메일 주소를 교환하고, 가능하다면 샘플 제품도 요청해서 받도록 한다. 앞서 말했듯이 박람회에 참여하는 업체들은 매우 적극적이어서, 명함을 주고 받은 다음 날 이메일로 요청 자료를 보내주는 회사도 적지 않았다.

advice ## 거래를 트기 전에 웹사이트부터 만들자!

외국 회사와 무역을 할 때 필수적인 요소 중 하나가 바로 웹사이트 구축이다. 직접 와서 보고 확인하지 않은 상태에서는 소개받은 회사의 존재 여부를 확인할 수가 없는데, 이때 믿을 만한 회사인지를 판단하는 근거가 바로 웹사이트다. 이메일로 수입을 의뢰할 때 회사 웹사이트 주소를 명기하는 것은 물론이고, 박람회 같은 곳에서 회사를 소개하게 될 경우를 대비해서 명함에도 반드시 회사 웹사이트 주소를 명기한다. 해당 브랜드 담당자는 회사의 웹사이트가 존재하고 제대로 운영되고 있다는 확신이 있을 때, 비로소 당신의 이메일에 답을 보내거나 요청한 자료를 보낼 것이기 때문이다. 웹사이트가 있고 없고의 여부가 뭐 그리 중요하겠냐고 가볍게 생각할 수도 있다. 하지만 우리나라의 경우 웹사이트 구축 비용이 그리 높지 않으나, 외국의 경우 이 비용이 꽤 높다는 사실을 알아야 한다. 따라서 회사의 신뢰도를 판단하는 데 중요한 근거가 된다.

5
CHAPTER

브랜드 찾기 3: 현지 시장 조사

쁘띠 무역상이 된 후, 여행 스타일이 완전히 달라졌다. 이전까지는 박물관, 유적 등을 돌아보았는데, 지금은 그 나라의 화장품 유통 환경을 돌아보고 아울러 새로운 아이템을 찾아다니는 것이 여행의 주요 일정이 되었다. 제품의 실물을 확인할 수 있을 뿐 아니라 유통 및 전시 방법까지 한눈에 볼 수 있고, 현지 브랜드일 경우에는 당장 본사에 전화해서 이것저것 물어볼 수도 있다는 점 등이 '본고장에서 하는 화장품 유람'의 장점이다.

일단은 동네 슈퍼마켓부터 비타민 가게, 서민 백화점, 프리미엄 백화점까지 화장품을 취급하는 곳이라면 무조건 들어가 본다. 그리고 곧장 '구석'이나 '지하'를 공략한다. 소비자들의 눈에 띄는 좋은 자리에 있는 제품들은 이미 누군가가 접촉했거나 그 브랜드에서 제시하는 조건이 까다로워 실패했을 가능성이 높다. 하지만 구석에 놓인 제품들은 이제 막 시장에 나온 따끈따끈한 '신인'일 가능성이 높기 때문에 접촉하기도 한결 쉽다.

새로운 브랜드를 발견했다면 일단 패키지에 먼지가 쌓여 있지 않은지 확인한다. 인기가 많아서 제품이 잘 빠지거나 제품 반응이 좋아서 매장에서 신경 써서 관리하는 경우라면 먼지가 쌓일 리가 없기 때문이다. 세일이나 프로모션을 너무 많이 하는 브랜드도 좋지 않다. 인기가 없다는 의미니까. 또한 새로운 거라고 무조건 첫눈에 사지 않는다. 새롭되 현지에서도 인기 있는 제품이라는 확신이 필요하므로, 비교적 여러 매장을 돌아보며 같은 제품이 여기저기 입점이 되어 있는지, 매장마다 반응이 좋은지를 확인한다.

한편 예전에 이미 보았으나, 당시 패키지가 촌스럽거나 제품군이 다양하지 않아서 마음을 접었던 제품이 있었다면 다시 확인해

볼 필요가 있다. 그 사이 패키지가 세련되게 리뉴얼되거나, 제품군이 확장되었을 수도 있기 때문이다. 2년 전에 너무 촌스러운 브랜드 로고와 패키지 디자인 때문에 단번에 마음을 접었던 브랜드가 있는데, 얼마 전 외국 잡지를 보다가 무척 세련되어진 패키지와 달라진 위상을 보고 1년 전에라도 다시 체크해볼걸 하고 후회했던 적이 있다.

가격도 중요한 요소인데 일단 미국 달러를 기준으로 했을 때 기초 스킨케어 제품의 개당 가격이 30달러 이상(한화로 약 3만6천 원)이라면 고민해봐야 한다. 이 정도면 적당하다고 생각할 수도 있으나 국내에 들여오면 유통 비용 때문에 50달러 이상을 책정해야 한다. 백화점 브랜드로는 나쁘지 않은 가격이지만 온라인 쇼핑몰과 드럭스토어를 주요 유통처로 하는 쁘띠 무역상들에게는 부담스러운 가격이다.

시장 조사를 다닐 때는 복장도 중요하다. 예전에는 늘 여러 켤레의 하이힐을 챙겨서 여행을 다녔는데 이제는 런닝화와 탐스 슈즈만 신고 다닌다. 여름에는 가벼운 플립플랍을 가방에 넣어 다니며, 번갈아 가면서 신는다. 가방은 브로셔를 넣을 수 있을 정도의 큼직한 사이즈여야 하고, 브로셔나 참고 서류가 많아질 경우 어깨가 아플 수 있으니 크로스백 스타일을 권한다.

> 일단 모든 유통 매장을 보이는 대로 들어가본다.
> 그리고 '구석'이나 '지하'를 공략한다.
> 소비자들의 눈에 띄는 좋은 자리에 있는 제품들은
> 이미 누군가가 접촉했거나, 그 브랜드에서 제시하는
> 조건이 까다로워 실패했을 가능성이 높다.
> 하지만 구석에 놓인 제품들은 이제 막 시장에 나온
> 따끈따끈한 '신인'일 가능성이 높다.
> 새로운 브랜드를 발견했다면 일단 패키지에
> 먼지가 쌓여 있지 않은지 확인한다.
> 인기가 많아서 제품이 잘 빠지거나, 제품 반응이
> 좋아서 매장에서 신경 써서 관리하는 경우라면
> 먼지가 쌓일 리가 없기 때문이다.

나라별 시장 조사 추천 장소

미국 월그린(), , 라이트에이드(), 홀푸드(), 타겟(), 코올스() 등의 매장을 고루 돌아본다. 월그린이나 CVS는 동네마다 있는데, 나는 보이는 곳마다 모두 방문했다. 그 이유는 한 번 보았던 제품의 인기도가 동네별로 어떻게 다른지 비교하기 위해서다. 어느 동네에는 있고, 다른 매장에는 없는 제품이라면 새로 입점하는 브랜드거나 반응이 안 좋아서 빼기 직전의 제품일 수 있다. 그렇다면 아예 고려대상에서 제외시키는 게 좋다. 반대로 괜찮다고 생각한 제품을 3번째 드럭스토어에서도 보게 되면 그제서야 샘플을 구입한다. 물론 이때 샘플 제품을 사지 않아도 된다. 제품 라벨에 적힌 원산지 표시와 본사 웹사이트 등의 정보만 적어놓아도 충분하다.

유기농 식료품을 판매하는 홀푸드의 경우, 이곳에서 취급하는 브랜드들은 까다로운 검증 절차를 걸쳐 입점된 브랜드라는 증명이 있는 셈이다. 따라서 홀푸드 유통 제품이라면, 국내 수입 시에도 별로 문제되는 성분이 없기 때문에 수입/통관이 용이하다.

미국 삭스()나 메이시(), 니만 마커스( ) 같은 백화점 1층에 정식으로 입점해 있는 뷰티 브랜드들은 거의 다 한국에 들어와 있다고 보면 된다. 이 중에서 국내에 유통되지 않는 제품이 있다면, 브랜드의 독특한 철학 때문이거나 지나치게 높은 수입 원가 등 그럴 만한 이유가 있다고 봐야 한다. 고가의 화장품을 수입하고 싶어 하는 쁘띠 무역상이라면 백화점의 1층을 제외한, 다른 층에 있는 화장품이나 향수 코너를 눈여겨보는 것이 좋다. 아직 목좋은 1층 자리를 확보하기에는 덜 성장한 신생 브랜드라는 의미이기 때문이다. 뉴욕에서 내가 가장 좋아하는 백화점은 5번가에 있는 헨리 벤델( )이다. 최고급 백화점으로 꼽히는 헨리 벤델은 소량의 물량만 까다롭게 선별하여 입점시키는 것으로 유명하다. 따라서 그만큼 검증되었다는 의미이고, 대중적으로 알려지지 않았다는 것은 그만큼 우리에게 새로운 브랜드라는 의미이므로 도움이 되는 것들이 많다. 우리 회사에서 올 가을쯤 런칭 계획 중인 사라 햅( )이라는 브랜드의 경우, 대표자인 사라가 직접 우리와 함께 일하고 싶다고 제안해온 경우였다. 하지만 지금껏 취급했던 제품 중 가장 고가의 제품이라 많이 망설였었다. 그러다 출장 중에 들른 뉴욕의 헨리 벤델 매장에서 사라 햅의 인기를 실감했고, 출장이 끝나기 전 산타모니카 해변의 아름다운 호텔에서 그녀와 만나 계약을 맺었다.

프랑스 일단 가장 흔한 세포라() 매장과 마리오노() 등의 매장은 꼭 둘러보도록. 그리고 프랑스에서 빼놓지 말아야 할 곳이 슈퍼마켓인 모노프리()와 동네마다 있는 오래된 퍼퓨머리()다. 현재 우리 회사에서 수입하고 있는 영국 립밤 브랜드 '로즈 앤 코'를 처음 발견한 곳도 바로 파리 후미진 골목에 있는 오래된 퍼퓨머리에서였다. 골목골목의 오래된 상점들 중에서, 화장품이나 향수, 비누 같은 것들을 취급하는 곳이 있다면 망설이지 말고 들어가보도록. 운명의 화장품이 당신을 기다리고 있을지 모른다.

영국 가장 유명한 곳은 대표적인 드럭스토어인 '부츠()'다. 매장에서 자체 생산하는 '()'가 많은 것이 흠이긴 하지만, 중간중간에 전혀 생소한 브랜드가 놓여있을 때도 있으니 잘 살펴야 한다. 슈퍼마켓인 막스앤스펜서()나, 최근 우리나라 신세계백화점에서 PB 상품을 수입 유통하기로 한 존 루이스() 백화점에도 흥미로운 것들이 많다. 런던의 최고급 백화점으로 꼽히는 헤롯()도 빼놓지 않고 방문하는데, 여기서는 1층이 아니라 지하 1층과 3층을 주로 체크한다. 유럽 최고의 명품을 취급하는 백화점이니만큼 1층에서는 합리적인 브랜드를 찾기 힘들지만, 이 슈퍼마켓에서는 재미있고 괜찮은 컨셉의 목욕 용품이나 비누 등의 라인을 만날 수 있기 때문이다.

일본과 호주 쁘띠 무역업에 관해 많이 받는 질문 중 하나가 가까운 일본에서 들여올 만한 제품은 없느냐는 것이다. 일본 화장품 브랜드의 경우, 가까운 만큼 쉽게 접할 수 있고, 품질 및 성분에 대한 일본 자국의 검열 기준이 높으므로 국내에 들여오기가 쉽다. 하지만 바꿔 생각하면 이는 곧 경쟁자가 너무 많다는 의미도 된다. 내가 알고 있는 곳만 해도 일본 제품만 전문으로 하는 업체가 많고, 업체별로 매우 많은 가짓수의 브랜드를 들여오고 있다. 호주의 화장품도 반응이 좋은데, 아직까지 시장 조사를 가본 적은 없다. 이유는 호주 화장품 브랜드들은 매우 적극적으로 코스메틱 박람회에 나오는 경우가 많아, 가까운 홍콩 박람회에만 가도 웬만한 브랜드들을 다 만날 수 있기 때문이다.

세럼(serum) **또는 에센스**(essence) 농축액을 의미하는 동의어. 한 가지 기능을 강화하여 집중적인 효과를 내므로, 우리나라 여성들이 특히 선호하는 화장품.

# CHAPTER 6

브랜드 컨택하기

막상 괜찮은 브랜드를 찾았는데, 이제부터 어떻게 해야 할지 막막해진다. 영어 실력도 빼어나지 않은데 어떻게 제안서를 보내야 할지, 상대방에게 신뢰를 주기 위해 어떤 것을 준비해야 할지 등등 머릿속 생각은 많아지는데 어디서부터 손을 대어야 할지 전혀 모르겠는 상황이 벌어지는 것이다.

일단 해당 브랜드의 웹사이트에서 '컨택트 어스(Contact us)'라고 표시된 곳을 누르고, 그곳에 있는 담당자의 이메일이나 팩스 번호로 간단한 제안서를 보내는 게 첫 단계다.

"안녕하십니까. 저는 한국에서 화장품 무역업을 하는 OOO사의 담당 OOO이라고 합니다. 귀사의 제품이 한국에 유통되고 있지 않다면, 우리 회사에서 수입하고 싶습니다. 관심 있으시다면 해외 영업 부문 담당자에게 제 메일을 전달해주시기 바랍니다. 그럼 연락 기다리겠습니다. 감사합니다."

이런 내용으로 캐주얼한 메일을 보낸 후, 연락을 기다린다. 대부분은 이 정도 메일에도 가타부타 답변을 주지만 경우에 따라서는 답이 계속 없는 경우도 있다. 이럴 경우 한 번 더 메일을 보내거나 컨택트 항목에 있는 다른 사람에게 이메일을 보내보고(담당자가 휴가 중이거나 그 사이에 퇴사했을 수도 있으므로) 욕심나는 브랜드라면 전화통화를 시도해보고, 계속 연락이 없다면 빨리 포기하는 게 상책이다.

내 경우에도 초반에는 한 달에 100통 정도의 메일을 보내면, 회수율은 10%도 안 되는 경우가 허다했다. 따라서 너무 기대하지 말고, 한 브랜드를 컨택하면 곧바로 다른 브랜드 2~3곳을 다시 찾아보겠다는 자세로 부지런히 컨택해봐야 한다.

한국 시장에 관심을 갖고 있는 브랜드라면, 이메일 답신을 보내면서 첫 단계에 '회사 소개서'를 요청할 것이다. 이럴 때 정직한 내용의 회사 소개서를 보내야 한다. 제품을 수입하겠다는 의지에 불타 과장하거나 거짓말을 하는 것은 절대 금물이다!

만약 이전에 수입해서 판매해 본 화장품 브랜드가 있는 경력 쁘띠 무역상이면 이야기가 술술 풀려나갈 수 있다. 하지만 이제 막 쁘띠 무역업에 발을 들여놓은 사람이라면 무슨 이야기를 적어야 할지 난감해진다. 내 경우에는 동업자나 직원 중에 화장품 브랜드나 유통 채널에서 일한 사람이 있다는 사실을 대폭 활용했다. 또한 화장품은 아니었지만 회사 설립 후 첫 아이템이었던 여성용 양면 테이프 제품을 한국 내에 독점으로 유통했던 이야기를 길게 쓰고, 더 이상 거래하지 않는 그 테이프 회사 CEO의 이름과 연락처를 함께 적어 보냈다. 나중에 알게 된 사실이지만, 몇몇 업체들은 이 CEO에게 메일을 보내 나와 우리 회사의 레퍼런스(신뢰도)를 체크했다고 한다. 당시 우리는 독점 계약을 다른 회사로 넘기고 더 이상의 거래가 없는 상태였지만, 헐리우드 패션 테이프의 공동 대표인 제인 데일리는 약 5년간의 거래 실적을 바탕으로 우리에 대해 '작지만 한국 시장을 잘 아는 능력 있는 회사'라는 좋은 이야기를 해주었고, 이로써 우리를 신뢰하기도 했다.

　　회사 소개서에는 다른 내용을 넣는 것도 유효하다. 바로 당신이 '한국 시장에 관한 한 전문가'라는 인상을 심어주는 것이다. 나의 초기 거래처 중에 한국 시장에 대해 전혀 모르는 업체가 있었다. 약간은 무시하는 듯한 말투로 회사 소개서를 보내보라고 하길래, 국내 화장품 시장의 특이성을 강조한 신문 기사를 스캔하고 영문 번역본과 함께 첨부했다. 또한 인터넷에서 우리나라 화장품 시장의 규모를 보여주는 지표를 담은 객관적 보고서도 찾아내 영역 후 첨부했었다. 딱딱한 내용이라 제대로 읽지 않을 것을 염두하고 그래프 등 이미지 자료를 군데군데 넣은 후, 강조해 전달하고자 하는 내용에는 하일라이트 표시를 해서 PDF 파일로 보냈다. 이후에 온 답메일에서 그들의 태도가 180도 달라진 것은 당연했다.

　　앞서도 말했듯이 이 회사 신뢰도 체크라는 것을 할 때 중요한 것이 웹사이트의 구축이다. 그럴듯한 회사 소개 내용을 담은 괜찮은 디자인의 홈페이지가 구축되어 있어야 한다. 이마저도 없을 경우에는, 잔고가 가득 담긴 통장을 들고 당장 외국으로 날아가 일대일로 설득하는 수밖에 방법이 없다.

　　거래하는 화장품 브랜드의 숫자가 늘어나고, 이중 매우 성공한 브랜드가 하나라도 있으면 반대로 외국 회사들로부터 '취급 의뢰'를 받는 입장이 되기도 한다. 거래하는 외국 회사에서 자신과 친분이 있는 다른 브랜드의 제품을 추천해주는 일도 있고, 그 외국 회사의 제품 유통을 담당하는 사람들이 한국에서의 성공담을 듣고 자신이 유통하는 다른 브랜드를 연결하겠다고 나서기도 한다. 수년간 거래해온 영국 립밤 브랜드 로즈 앤 코는 영국 내 유통을 담당하는 회사가 별도로 있는데, 언젠가부터 이 회사에서 자신들이 취급하는 다른 화장품 브랜드의 샘플을 지속적으로 우리에게 보내오고 있다. 또한 지난 가을 미국 출장 때에는 세이어스의 사장에게 우리의 활약을 전해들은 다른 화장품 브랜드 CEO가 우리를 만나고 싶어 해서, 급히 비행기표를 끊고 다른 주까지 가서 만나고 온 적도 있다. 물론 그들의 접대가 극진했음은 두말할 필요도 없다. 언젠가는 거래하는 외국 브랜드 담당자에게 우리가 수입을 고려 중인 수입 브랜드에 대해 조언해달라고 청한 적도 있다. 우리나라에서도 업계 사람들끼리 알고 있듯이 그들도 자국의 업계 관행이나 회사 사정에 대해 나보다 더 잘 알고 있기 때문이다. 그들이 들려준 거래에서 생길 문제점과 어려움 등에 대한 예상은 늘 적중했다.

CHAPTER 7

샘플 & 가격표 보내주세요

보내준 회사 소개서와 실적에 만족하면, 해당 브랜드는 무엇을 원하느냐고 물어온다. 이때는 샘플 제품과 가격표를 요청하면 된다. 별도의 요청을 하지 않으면 그 회사가 취급하는 모든 라인의 제품을 다 보내주는 것이 상례다. 따라서 가능하면 특정 제품을 지정하지 않고 다 받는 것이 좋다. 운송료까지 다 부담해서 보내주는 것이 대부분이나, 경우에 따라 착불로 보내도 되느냐고 묻는 경우도 있다. 어차피 제품 가격은 내지 않는 것이므로 앞으로를 생각해 운송료를 부담하고라도 받는 것이 좋다.

여기서 알아둬야 할 것은 계약을 한다고 해서, 해당 브랜드에서 취급하는 모든 라인을 수입할 필요는 없다는 것이다. 샘플을 받으면 제품별 특징을 하나하나 체크하는데 일단 한국 소비자들의 취향을 고려해 질감이나 향, 패키지 디자인 등에 대한 소감을 각각 정리한 후 탈락시킬 제품들을 정한다. 가격 경쟁력 역시 중요하다. 가격 대비 비슷한 경쟁군 제품들을 찾아본 후 이들과의 비교 우위가 무엇인지도 정리해야 한다. 이렇게 한눈에 보기 쉽게 정리된 제품 특징표를 가지고 최종적으로 어떤 제품을 들이고, 어떤 제품을 버릴지 정한다.

가격표는 대부분 홀세일러(Whole Saler) 그리고 디스트리뷰터(Distributor)용 가격으로 구분되어 온다. 홀세일러는 우리나라로 치자면 '도매상' 정도에 해당하는데 소매가보다 낮은 가격에 제품을 들여올 수는 있으나, 같은 나라에 복수의 홀세일러가 존재할 수 있다는 것이 단점이다. 경쟁자가 생기거나, 이후에 디스트리뷰터가 생길 경우에는 제품 판매에 대한 모든 권한을 버리고 물러나야 한다.

쁘띠 무역상의 경우 홀세일러나 디스트리뷰터 대상의 가격을 적용받을 수 있다. 일반적으로 홀세일 가격은 자국 내 판매가의 50% 내외, 디스트리뷰터 가격은 판매가의 30~40% 정도를 제안하는 게 평균적이다. (예전에는 15~20%에 계약을 맺은 업체도 있었다고 하는데 최근에는 대부분 이 정도 수준이다.) 제품 성공에 대한 확신이 있다면 가능하면 국내 단독 판매를 하는 '익스클루시브 디스트리뷰터' 자격을 달라고 얘기하는 것이 좋다. 또한 연간 최소 주문 수량, 연간 최소 오더 금액 등의 부가적 조건이 있는지를 체크한다.

무역 경험이 전혀 없는 사람이라면 홀세일러로 시작하는 것도 나쁘지 않다. 다만 홀세일러는 '독점 취급'을 주장할 수 없으므로, 어느 정도 신뢰를 쌓은 이후에는 가능한 한 빨리 디스트리뷰터 자격을 요청하는 것도 좋은 방법이다.

PART

3

우리,
수입하게 해주세요

dossier

화장품의 품질도 좋고, 운좋게 한국 시장 진출에 적극적인 관심을 보이는 화장품 회사를 찾았다면 절반은 성공한 셈이다. 이제부터는 무사히 들여올 수 있느냐가 문제다. 하지만 한국의약품수출입협회는 해외 브랜드들도 혀를 내두르며 인정할 정도로 심사와 업무처리가 정확한 것으로 유명하다. 즉 승인 절차를 통과하지 못할 경우 이 모든 노력이 헛수고가 될 수 있다는 말이다. 필요한 서류를 접수하고, 결과를 기다리는 과정에서 상당한 시간이 소요된다. 사무실 월세와 몇 안 되는 직원 월급 때문에 속이 타 들어가지만, 예외란 없다. 서류의 오타 하나도 용납되지 않는 깐깐한 점검 절차를 거치는 중이기 때문이다.

1
CHAPTER

기본 서류가 왜 이렇게 많아요?

쁘띠 무역업에서 가장 어려운 작업 중 하나가 바로 각종 증명서들을 다루는 일이다. 특히 수입 화장품의 경우에는 해외로부터 들여오는 물건이고, 사람의 몸에 직접 닿는 제품인 만큼 식품의약품안전처(www.mfds.go.kr) 및 한국의약품수출입 협회(www.kpta.or.kr)의

통제를 받는다. 본사와 기껏 얘기가 잘되었는데, 성분 하나가 걸려서 수입을 못하게 되는 경우도 적지 않다. 따라서 최종적으로 수입을 해도 좋다는 결론이 나기까지는 계약을 미루도록. 그리고 상대 회사에도 우리나라 관련 기관들의 까다로운 절차를 미리 설명해 최대한 성실하게 서류를 마련해줄 것을 요청해야 한다.

일단 괜찮은 화장품을 발견했다면 성분 체크를 통해 국내에 들여올 수 없는 성분이 포함되어 있지 않은지 체크하는 절차가 필수적이다. 일단 대표 제품의 성분이 안전하다는 판단이 든다면, 한국의약품수출입 협회에 제출 서류를 준비하도록 한다.

승인 서류 준비하기

기본적인 서류 3가지가 중요하다. 바로 판매증명서, 제조증명서, 광우병 미사용/미감염 증명서다. 모든 서류에 적혀 있는 브랜드명-제품명이 일치해야 한다. 생각보다 이 제품명이 일치되지 않는 브랜드가 꽤 많다. 영어 단어의 앞뒤가 살짝 바뀌어도 의미 차이가 없다고 생각하는 네이티브 스피커들의 안일한 사고가, 깐깐한 우리나라 관계 기관 담당자들에게는 허용되지 않는다. 다시 한 번 강조하는데, 모든 성분은 INCI(국제 화장품 용어 명명 : International Nomenclature of Cosmetic Ingredients)의 표기명으로 적혀 있어야 한다. 이 3종의 서류를 본사에서 발급받는 과정이 꽤 길다.

앞서 설명했듯이 화장품 박람회에서 참여하는 브랜드들은 처음부터 수출을 목적으로 하고 있는 곳들인지라, 이미 이들 서류가 미리 준비되어 있거나 서류에 대한 이해가 높다. 하지만 그 외에 '이렇게 좋은 브랜드가 왜 아직도 안 들어 왔던 걸까?'라는 의문이 들 정도로 훌륭한데 수출이 안 된 브랜드라면 십중팔구 이 서류들에 대해 전혀 모르고 있는 경우가 많다.

판매 증명서 영어로는 'Free Sale Certificate'이라고 한다. 제품을 수입해오는 국가에서 이 제품이 현재 시장에서 판매중인 제품이라는 것을 증명하는 서류라고 보면 된다. 단, 해당 국가의 상공회의소 등 정부 관련 기관에서 발급받은 서류만 인정된다는 데 유의한다. 판매 증명서를 보내달라고 하면, 간혹 회사에서 자체적으로 양식을 만들어 발급해서 보내주는 회사가 있는데 100% 무효처리된다. 처음부터 기관 발급 서류가 필요한 이유를 정확히 안내해야 서류를 다시 발급받는 등의 수고를 덜 수 있다.

제조 증명서 제조 증명서(Certificate of Manufacture) 혹은 포뮬레이션(Formulation)이라고 한다. 수입하려는 제품의 성분명(ICID에 등재된 INCI 명칭)과 성분별 비율(함량)을 기록한 서류로, 제조사에서 직접 발급해야 한다. 이때 제조 책임자의 서명과 공증이 반드시 있어야 한다. 중요한 것은 성분비의 전체 합이 반드시 100%여야 한다는 것. 당연한 이야기 같겠지만 간혹 성분 비율이 기밀이라는 이유로 100% 성분을 공개하지 않으려는 회사도 있기 때문에 그 총합이 100이 안 되는 경우가 생긴다. 이 또한 사전에 해당 회사측에 충분히 고지하고 중요성을 강조해야 제대로 받을 수 있다.

광우병 미사용/미감염 증명서 'Certificate of BSE Free'라고 하는데 광우병으로부터 안전하다는 걸 증명하는 서류이다. 제조사에서 발행하되, 책임자의 서명과 공증이 필요하다.

advice

우리나라로 수입하기 위해 필요한 서류를 요청하면, 의외로 난감해하는 외국 회사들이 많다. 쁘띠 무역상들이 관심을 두는 화장품 회사들은 대부분 규모가 작은데, 이들의 대부분이 수출 작업이 처음인 경우가 많기 때문이다. 따라서 필요한 서류들이 무엇인지 알려줘도, 잘 이해하지 못할 수 있다. 이럴 때 내가 쓰는 방법은, 한국 의약품수출입협회에서 해당 서류에 반드시 들어가야 할 문구를 포함한 예시 서류를 받아서 샘플로 보내주는 것이다. 물론 이렇게 친절하게 샘플까지 보여줘도 다르게 발급하는 회사는 늘 있기 마련이지만….

서류 발급이 완료되면 원본을 받기 전에 반드시 PDF나 JPEG 형식으로 보내달라고 한 후, 이 사본을 프린트해 꼼꼼히 검토한다. 사본을 가지고 의약품수출입협회에 찾아가서 승인이 가능한 서류인지 문의하는 것도 비용을 절감할 수 있는 좋은 방법이다. 의약품수출입협회에서 'OK' 사인을 받은 뒤에 사본이 아닌 원본을 특송 우편으로 받기를 권한다.

서류의 상태나 오타 등 모든 점검이 완료되는 주문서를 작성하고 주문서의 내용과 함께 의약품수출입협회에 서류를 승인받는 절차로 넘어간다. 서류를 승인받는 방법은 전자문서 방식(EDI)을 통해야 한다. 현재 의약품수출입협회에 전자 문서 승인 절차가 가능한 회사는 웹사이트에 고지되어 있다. 이들 회사 중 한 군데와 계약을 맺고 EDI로 승인을 요청한다. 첫 승인을 받기까지는 최소 일주일에서 열흘 정도가 걸린다.

> 계약서 작성시 우리 회사가 반드시 추가하는 조항이 있다. 바로 제품 중 불량 제품이 포함되어 있을 경우에 대한 보상, 불량 제품 발견 이후 클레임을 제기하기까지의 최장 시간 보장 등의 항목이다. 예전에 1200개를 급하게 항공 화물로 수입했다가 몇몇 제품이 손상된 것을 발견하고 해당 화장품 회사에 항의를 했다. 계약서에 불량 제품에 대한 규정이 없었음에도 불구하고 해당 회사는 진심으로 사과하고 1200개 전량을 새로 보내주었지만, 이는 운이 좋은 경우이며 반드시 예방 조치가 필요하다.

CHAPTER 2

이제, 계약합시다

　해외 화장품 본사로부터 대한민국 내에서 독점적으로 제품을 유통할 수 있는 업체를 '디스트리뷰터(distributor)'라고 부른다. 이 자격을 부여받았다면, 이제 계약서를 주고받는 절차가 필요하다. 계약서라고 해서 겁먹지 말자. 대부분은 해당 회사에서 영문으로 된 계약서를 보내주고, 이를 국내에서 검토한 후 몇 가지 사항을 수정하거나 추가해줄 것을 요청하는 식으로 절차가 진행되니까.

영어로 되어있기는 하지만 내용이 그리 어렵지는 않다. 충분히 시간을 두고 읽거나, 전문가에게 요청해 항목을 일일이 다 체크하도록 하고 불리한 조항이 없는지 통보받으면 된다. 계약서 작성시 우리 회사가 반드시 추가하는 조항이 있다. 바로 제품 중 불량이 포함되어 있을 경우에 대한 보상, 불량 제품 발견 이후 클레임을 제기하기까지의 최장 시간 보장 등의 항목이다. 예전에 1200개를 급하게 항공 화물로 수입했다가 약 10% 정도의 제품이 손상된 것을 발견하고 해당 화장품 회사에 급히 항의를 했었다. 계약서에 불량 제품에 대한 규정이 없었음에도 불구하고 해당 회사는 진심으로 사과하고 1200개 전량을 속히 보내주었다. 하지만 이는 운이 좋았던 경우로, 계약서에 예방할 수 있는 조항을 넣어야 한다.

계약서 작성 시, 모든 거래 조건이 담긴 계약서는 보통 양사가 비밀을 유지한다는 내용을 먼저 서명하게 된다. 그런데 우리나라에서는 온라인 광고 문구 등에서 '독점 수입사' 혹은 '공식 수입사'라는 문구를 사용하기 위해서는 반드시 독점 계약서를 제출해야 하며, 몇몇 쇼핑몰에서는 종종 이 계약서 제출을 요구한다. 따라서 처음부터 거래 내용이 담긴 정식 계약서 1부와 국내 유통의 독점권을 보장한다는 내용의 1장짜리 약식 문서를 1부 받아 두면 편리하다.

TIPS

화장품 품질 관리

의류나 가방 같은 제품들과 달리 화장품은 운송 과정에서 패키지가 손상되거나 이로 인해 제품이 변질되는 일이 발생할 수 있다. 명심할 것은, 이를 체크하지 않고 판매할 경우 곧장 고객 불만과 판매 저하로 이어진다는 사실이다. 따라서 가능한 한 제품이 도착하는 즉시 박스를 일일이 다 개봉해서 제품 상태를 확인하는 검수작업이 필요하다. 우리는 외국에서 주문한 물량이 도착하는 날이면 전 직원이 달라붙어 제품을 검수한다. 이 검수 절차가 무엇보다 중요한 것을 알기에 절대로 게으름 부리지 않는다.

확인 작업을 마쳤다면 상품 중 임의로 몇 개를 빼서 사전에 계약 맺은 실험실에 보내 자가품질테스트를 거쳐야만 유통이 가능하다. 실험실은 의약품수출입협회에 홈페이지에 링크되어 있는 한국 의약품 시험 연구원을 이용해도 되고, 인터넷 검색창에 '화장품 품질 검사 기관'으로 검색해 찾을 수 있다. 식약청장이 인정해준 업체라면 어디에건 품질테스트를 의뢰할 수 있다.

정식 수입사는 이처럼 식품의약품안전청과 한국 의약품수출입협회의 지도 아래에서 반드시 자가품질테스트를 거친 제품만 판매하고 있어 소비자의 안전이 확인된 상품만 판매한다. 최근 해외에 거주지를 두고, 국내 소비자들로부터 주문을 받은 제품을 보내주는 구매대행 업자들이 문제가 되고 있는데, 원인이 바로 여기에 있다. 구매대행 제품의 경우, 이런 자가품질테스트를 전혀 거치지 않는다는 것. 정식으로 수입하는 쁘띠 무역상의 경우라면 그 품질을 믿어도 좋다.

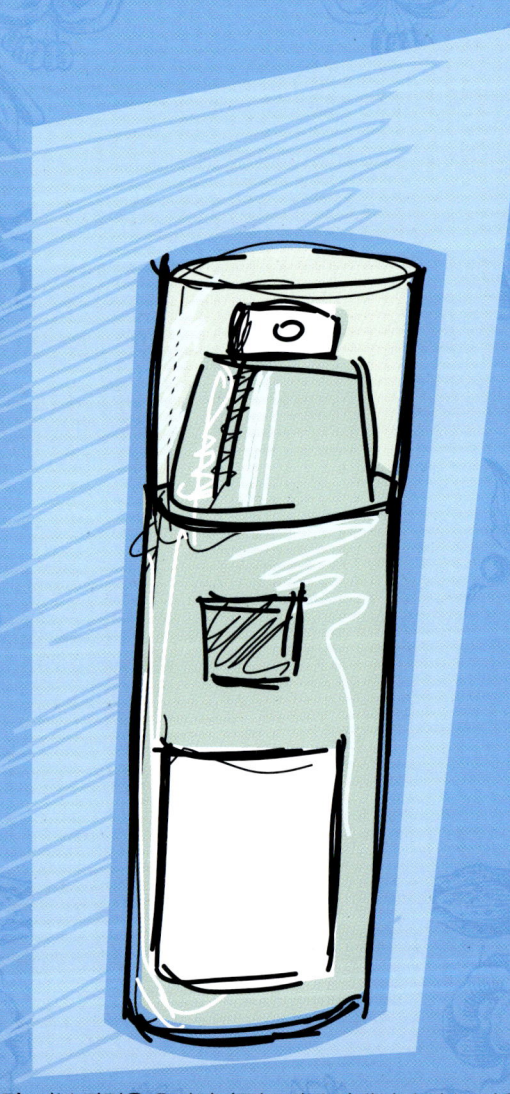

콜라겐, 엘라스틴 피부 탄력을 유지시켜주는 피부 단백질의 일종. 미용 성분으로 사용될 경우 주름 방지, 탄력 강화 등의 효능이 있다.

3
CHAPTER

송금하고 물건 받기

계약 당사자의 사인을 담은 합의 계약서를 우편 특송 서비스를 통해 상호간에 주고받고 나면 계약 작업은 끝. 다음은 주문서를 넣을 차례다. 주문서 양식은 특별히 정해진 것이 없으나, 가능하면 자신의 회사 로고를 넣은 문서 양식을 만들고 주문 제품명, 수량, 개별 적용 가격, 총 가격 등의 항목을 표 형식으로 넣어 보내는 것이 좋다. 항목을 다 채우고 나면 함부로 수정할 수 없도록 PDF 파일 형식으로 변형하고, 담당자의 서명을 넣어 보낸다.

해당 회사에서 주문서 내용을 확인했다는 메일이 오면, 요청 물량만큼 원하는 날짜에 맞춰 받을 수 있는지 확인한 후 그 금액대로 송금한다(주의 : 신용장 거래는 일단 쁘띠 무역상의 경우에는 거의 불가능하다고 보면 된다.). 일단은 은행에 가서 외환 거래 통장을 개설해야 하고, 이 통장을 통해 거래처에서 보내준 그 나라의 은행 계좌로 송금한다. 일반적인 거래 초기의 송금 방식은 TT 방식(현금 송금)이다. 간혹 신용 카드 결제를 더 선호하는 회사도 있는데, 금액이 작을 경우에는 회사 법인 카드로도 가능하다. 송금을 증명하는 은행 서류를 스캔받아서 이메일로 보내고, 이를 확인하라고 요청하면 처리 속도가 빨라진다. 이때쯤 제품이 선적될 예상 날짜가 언제인지를 함께 체크하도록. 담당자가 다음 단계에 미리 착수하도록 해, 제품 도착까지의 시간을 단축할 수 있기 때문이다.

사전에 계약한 해외 운송 업체(Logistics)에 선적 날짜를 전달한다. 해당 운송 업체에는 미리 주문 서류, 인보이스 등을 전달해놓는다. 이때 체크해야 할 것이 있는데, 운송비를 미리 지급할지 아니면 물건을 받은 후 낼지 등의 사항이다. 이런 항목들은 약자를 사용해 구별하는 경우가 많으므로, 따로 정리했다.

TIPS 운송장 약자 읽기

운송의 방법, 운송비에 포함되는 금액과 비포함 금액 구분 등은 약자를 사용해 표시하는 경우가 많다. 해당 약자들을 정리했다. 가장 보편적으로 선택하는 거래 조건은 EXW나 FOB라고 보면 된다.

CFR/ Cost and Freight : 운송비 포함
CIF/ Cost, Insurance and Freight : 운송비, 보험료 포함
FOB/ Free On Board : 운송비 미지급 인도 조건
EXW/ EX WORK : 출발지 인도 조건

초기에는 해당 화장품 회사가 거래해온 운송 업체를 이용해도 좋다. 하지만 내 경험상으로는 해외에 사무소를 별도로 두고 있는 우리나라 운송 업체(Logistics) 몇 곳을 인터넷으로 검색해, 이들이 각각 제안한 가격을 비교한 후 결정하는 것이 가장 저렴하고 확실하다. 한번 거래를 시작한 회사의 서비스에 만족한다면, 계속 이용하는 것이 편리하다. 제품이 우리나라에 도착해 창고에 입고되면 이후의 과정은 역시 계약 맺은 관세 사무소에서 모두 진행한다. 미리 정해놓은 관세사를 통해 통관한 뒤 배송받으면 끝!

독립 사업을 한 후 약 5년간 계속 믿고 거래했던 관세사에게

사기를 당하고 있었음을 알게 된 뼈아픈 경험이 있다. 후배 쁘띠 무역상들 중에서 제2의 피해자가 생기지 않기를 바라는 마음에서 내용을 공개한다. 우리 회사는 초창기에 관세사를 먼저 선정한 후, 그 관세사로부터 운송업체를 추천받았다. 추천받은 곳은 대형 운송 업체로, 이렇게 큰 회사의 경우 내부에 관세사를 두고 비용을 절감하는 경우가 많다. 우리에게도 나쁘지 않은 조건이라고 판단해서 그 업체와 거래하기로 했다.

그런데 약 5년 만에 다른 운송 업체 담당자가 자신들과 함께 일해보는 것이 어떻겠냐고 제안해오길래, 당시 거래하고 있던 업체의 견적서를 보여주었다. 그때 알게 된 것이 오랫동안 일해온 관세사와 운송 업체가 '검사 지정 비용'이라는 가상 항목을 만들어서 건당 20~30만 원의 부당 이익을 취하고, 인천-서울 간 트럭 운송 비용 시세가 7만 원 정도였는데 30만 원씩 청구했다는 사실이었다. 피해 사실을 안 후, 우리는 거래를 종료시켰다. 하지만 결국 좀더 빨리 잘못을 알고 바로잡지 못한 우리의 과실이었다.

TIPS

HS CODE란?

수입 시 어떤 관세율을 적용할지 정하는 코드를 말한다. 최근 한-EU FTA와 한-미 FTA가 발효되면서 화장품 수입관세 철폐 혹은 인하로 화장품 판매가가 인하될 것으로 기대하고 있다. 유럽 대다수 회사들이 이 비과세 혜택을 받을 수 있는 준비에 미흡한 반면, 미국 화장품의 경우에는 관세사에 관련자료 샘플을 요청해서 작성하면 인하 혹은 면제 혜택을 받을 수 있다. 하지만 미국 브랜드라고 모두 혜택을 누릴 수 있는 건 아니다. 전면 면제는 원료 채취부터 생산까지 모든 과정이 미국에서 이루어진 브랜드에만 적용되며, 원료의 일부라도 미국이 원산지가 아닐 경우에는 관세를 지불해야 한다.

advice

소량 수입은 FEDEX와 UPS 이용을 추천!

갑작스럽게 판매가 늘어 일시적으로 소량만 수입해야 할 때가 생긴다. '품절'이 걸리는 시간이 장기화되면, 어렵게 확보한 단골 고객들을 잃게 될 가능성이 높으니 부족분 만큼 소량이라도 빨리 들여와야 한다. 이럴 때 페덱스와 UPS 같은 특급 배달 서비스 이용을 추천한다. 비용은 물론 배로 선적해올 때보다 많이 들지만, 이 회사들을 이용하면 관세사 비용을 비롯한 자잘한 핸들링 비용이 들지 않는다. 또한 공항에서 사무실까지의 트럭 운반 비용 없이, 편하게 사무실에 앉아서 물건을 받을 수도 있다. 페덱스나 UPS 등에 기업 계정을 만들어두면, 거래 실적이 쌓였을 때 최대 50%까지 할인 받을 수 있다.

4
CHAPTER

수익을 찾아서

　이제 가장 어려운 마지막 절차가 남았다. 바로 제품별로 국내 판매 가격을 책정하는 것이다.

　우선 수입 원가를 파악한다. 홀세일 또는 디스트리뷰터로 제안받은 제품 개별 가격을 원화로 바꿔 계산한다. 이때 환율은 최근 6개월 정도의 평균 환율을 적용하는 것이 바람직하다. 대량 수입의 경우, 환율 20~30원 정도의 차이로도 수익에 막대한 영향을 줄 수도 있으므로 원가 산정 시 적용할 환율 결정에는 신중해야 한다. 경험상 반년 정도의 평균 환율이 적정하다.

　　다음으로 송금과 운송 과정에서 들어간 모든 비용을 고려한다. 여기에는 송금 수수료, 국내외 운송료, 관세, 부가세 등의 항목이 포함된다. 모든 금액을 더한 후 수입한 제품 수로 나눈다. 이것이 수입 원가에 더해질 개별 부대비용 금액이다.

　　다음으로 벤더 수수료, 업체 수수료, 마케팅 홍보 비용, 포장 비용, 고객 배송 비용 등을 추가한다. 어떤 유통 채널을 활용하느냐에 따라 벤더에게 줄 수수료나 업체에게 줄 수수료 금액의 차이가 크므로, 신중하게 판단한다. 또한 우리나라 대부분의 온라인 쇼핑몰은 배송 비용을 수입 업체가 배송비 포함으로 지불하는 경우가 일반적이므로, 이 금액도 반영해야 한다. 이 금액 역시 모두 더한 후, 개별 제품에 부가되는 금액만큼만 구해서 더한다.

　　마지막으로 고려할 것이 수입사의 수익 부분이다. 직원들의 월급 및 사무실 유지 비용, 순익 등이 여기에 포함되는데 수익을 제품 가격에 얼마만큼 반영해야 하는지에 대한 정답은 없다. 쁘띠 무역상 마음이다. 다만 시장에서 통용될 만한 적절한 가격선 안에서 결정되어야, 소비자들의 구매를 유도할 수 있다는 사실만 명심하면 된다. 이 역시, 몇 번씩 경험이 쌓이면 '감'을 잡게 된다. 책정한 제품 가격이 경쟁군보다 지나치게 높아서는 안 되고, 너무 낮아도 매력적이지 않을 수 있다는 사실을 말이다.

유통 채널에 따른 마진 구조

온라인 쇼핑몰의 경우 — 판매가 **100%** 기준
제품원가 **30%** | 유통수수료 **30%** | 부대비용 **15%** | 회사수익 **25%**

홈쇼핑의 경우
제품원가 **30%** | 유통수수료 **45%** | 부대비용 **15%** | 회사수익 **10%**

오프라인 거래처의 경우
제품원가 **30%** | 유통수수료 **50%** | 부대비용 **15%** | 회사수익 **5%**

위의 마진 구조 표에서, 제품원가는 수입원가와 수입 진행 시 사용한 제반비용을 포함한다. 유통수수료는 거래처 마진으로 벤더와 업체수수료에 해당되는 부분이다. 부대비용은 국내에서의 마케팅 홍보 비용과 국내 배송료 등이 해당된다.

> 수입 화장품 중에는 인터넷에 종종 뜨는 폭로 기사처럼 '원가 대비 8~10배 높게 가격을 책정하는 곳'들이 있다. 하지만 쁘띠 무역상에게는 불가능한 모험이다. 별도 매장 운영, 유명 모델이 등장하는 광고 및 프로모션을 거의 하지 않는 쁘띠 무역 브랜드가 고가 정책을 취하는 사실을 기분좋게 받아들이는 대한민국 소비자들은 없다. '카더라' 식의 소문만 믿고 놀라운 수익을 얻겠다고 욕심내는 이들에게는 쁘띠 무역상을 권하지 않는다.

PART

PR보다 영업

dossier

계약도 체결했고, 팔아야 할 물건도 한국에 도착했다. 이제부터가 본격적인 비즈니스의 시작이다. 괜찮은 브랜드를 발견했고 좋은 조건에 계약을 체결했다고 하더라도, 유통 라인을 제대로 확보하지 못하면 '말짱 도루묵'이다. 실패의 징조가 보이기 시작하는 것도 이때쯤이고, 하루 매출이 20배 이상 뛰는 기적을 보게 되는 것도 이때쯤이다. 기업체에서 영업 담당자에게 힘을 팍팍 실어주는 것은 다 이유가 있다. 이제부터 중요한 것은 역시 '사람의 힘'이다.

1
CHAPTER

쁘띠 무역회사의 이상적인 조직도

앞서 말했듯이 초창기에 함께 동업했던 선배의 회사 일이 바빠져 더 이상 함께 일하기가 어렵게 되었다. 그때쯤 결혼을 한 동생의 남편이 화장품 유통업 쪽에 뛰어들고 싶다는 의사를 밝혀왔고, 100% 가족으로 운영되는 회사는 그리 효율적이지 못할 거라는 선입

견에 고민하다가 마음을 정했다. 그로부터 4년이 지난 지금 생각할 때, 제부와 함께 하기로 한 결정은 올바른 선택이었다.

제부가 대표 이사직을 맡았고, 내가 이사 직함을 달았다. 이유는 제부가 투자 자금의 대부분을 투자하였기 때문이다. 화장품 분야에 대한 노하우가 많은 내가 대표 이사직을 맡아야 한다는 제부와 옥신각신하다가 결국 그에게 대표 이사직을 맡겼다. 하지만 나중에 알고 보니, 우리나라에는 여성이 대표 이사인 여성 기업에 대한 정부 혜택이 더 많다고 한다. 후배 쁘띠 무역상들은 참고하기를!

초창기 우리 회사의 정직원은 3명이었다. 여동생은 유일한 비정규직 사원이었다. 주문량이 급증하거나 특수 인력이 필요할 때는 아르바이트를 채용했고, 급할 때는 양가의 가족들이 투입되기도 했다. 가족 사업의 경우, 장단점이 있다. 장점이라면 비밀이 없고, 회사 운영이 어려울 때도 고통 분담이 가능하다는 것. 또한 문제가 생길 경우 해결하기까지 전사적인 협조도 가능하다. 단점이라면 가족 간 권력 구조가 영향을 미친다는 것? 예를 들어 대표 이사인 사장이 직원인 와이프를 함부로 부리지 못한다는 것. 이럴 때는 언니인 내가 나서줘야 한다.

초기 직원 구성 및 업무 분할

제부 : 직함-대표이사 사업 자금의 대부분을 투자한 그의 주요 업무는 대표 이사직 외에도 재무, 수입 통관, 세일즈, 식약청 서류 접수 및 승인 절차 일체이다. 회사의 얼굴로서 그가 지닌 가장 큰 장점은 편안한 외모, 원만한 인간 관계 그리고 꼼꼼한 성격의 소유자라는 것. 경험상 쇼핑몰의 MD들은 대부분 여성들이라, 훈남 스타일의 남성이라면 일단 기본은 먹고 들어간다. 여동생에게는 비밀이지만, 가끔 새로운 쇼핑몰 담당을 만나러 갈 때는 '결혼반지는 빼놓고 가라'는 말을 흘렸다. 그리고 '굳이 결혼했다는 정보는 노출할 필요 없다'고 은근히 압력을 가하기도 했다. 제부는 꼼꼼한 성격이라 각종 영수증 및 서류를 잘 챙기다 보니 재무 및 식약청 서류 절차에서도 뛰어난 능력을 보여준다. 식약청이나 관세청 공무원들을 만날 때면 늘 필기도구를 준비해서 필요한 서류와 절차에 관한 정보들을 받아 적는다. 식약청 담당자로부터 "이렇게 서류 하나 빠뜨리지 않고 한번에 챙겨온 곳은 처음이다."라는 말을 들을 정도였다.

나 : 직함-이사 엉겁결에 '이사'라는 직함을 달긴 했지만, 내가

하는 일은 관리자라기보다는 가장 현장 실무에 가깝다. 우선 화장품 브랜드를 찾아서 계약하고 론칭하기까지의 일련 과정, 즉 브랜드 관리 작업은 내가 담당한다. 그 외에 잡지사나 신문사를 상대로 한 PR, 유통 채널에 프로모션을 제안하고 진행하는 일은 내 몫이다. 또한 새로운 유통 채널을 개발하고 계약을 맺는 세일즈 업무도 담당하고 있다. 이런 실무를 맡게 된 이유는 예전에 다니던 회사에서 어깨너머로 배운 덕분에 홍보와 유통 분야에 대한 지식도 있는 편이고, 무엇보다 업무별로 도움을 줄 수 있는 인맥을 확보하고 있어서였다. 이 외에도 제품 성분 파악 및 품질 관리 업무도 맡고 있다.

여동생 : 직함-디자이너 및 CS 담당 여동생은 대학 졸업 후 편집 디자인을 따로 공부해, 상당한 실력의 소유자다. 자연스레 온라인 쇼핑몰 상품 등록 업무, 브로셔와 엽서 제작, 배송 상자 디자인 등의 업무가 여동생에게 주어졌다. 특히 온라인 쇼핑몰의 상품 등록 업무는 절차가 매우 복잡하고, 업체별로 절차가 제각각이어서 이 절차에 대한 이해력이 뛰어나면서 책임감 있게 일하는 사람이 필요하다. 디자인 분야는 특히 이직율이 높아서, 많은 쁘띠 무역상들이 자체 디자이너 고용 문제 때문에 골치 썩는 일이 많은데, 그에 대한 걱

정은 확실히 던 셈이었다. 또한 온라인 쇼핑몰의 상품 설명 페이지도 업체가 담당해야 하는 경우가 많은데, 요즘 소비자들이 어떤 정보를 원하는지를 잘 알고 있어야 매력적인 설명 페이지를 만들 수 있다. 다행히 여동생은 본래부터 쇼핑을 정말 좋아하는 소비자 중의 한 사람이었다. 이외에 고객들의 전화를 받고 응대하는 것도 여동생의 몫이다. 사람들의 말을 잘 들어주고, 끈기가 많은 사람만이 할 수 있는 직무로, 우리 회사에서는 유일하게 여동생만 가능한 일이기도 하다.

특수 아르바이트 : 영어 업무 간단한 주문 요청이나 협상 등은 영어 이메일로 간단히 해결한다. 하지만 강력하게 불만 사항을 얘기하거나 할 경우에는, 네이티브 수준의 영어 가능자의 도움을 받는 것이 좋다. 다행히 미국에서 살다가 결혼과 함께 한국에 들어온 사촌이 있어서, 그녀를 계약제로 고용했다. 일반적인 번역이나 영작 등은 재택 근무를 하고, 가끔 컨퍼런스 콜 요청이 있을 때는 사무실에 출근한다. 화장품 박람회 방문이나 최근 미국 출장 길에도 이 사촌과 함께 동행하고, 수고료를 지불한다.

기타 공동 작업 초창기에는 재고 관리, 포장과 배송, 홈쇼핑 업체 납품 등의 업무는 전 직원이 함께했고 양가의 부모님이나 친인척이 동원되는 일도 잦았다. 홈쇼핑 납품처럼 단시간에 많은 수량을 처리해야 할 경우에는 아르바이트를 쓰기도 한다.

> **TIPS**
>
> ## 가족형 기업의 장점을 최대한 활용하라!
>
> 여동생 부부와 함께 운영하는 가족 기업이다 보니, 매끼 밥을 같이 먹는 것에 대한 거부감이 없었다. 첫 사무실이 있었던 광화문의 오피스텔에는 한쪽에 주방 시설이 있어서, 자연스레 그때부터 도시락을 싸가거나 요리를 해먹기 시작했다. 지금의 사무실은 집과 가까워서, 어머니에게 비용을 지불하고 식사 준비를 부탁했다. 식사와 청소는 직원들이 일주일씩 번갈아 가면서 당번제로 하는데, 이때 당번이 된 사람이 다음 주에 먹을 점심 메뉴를 직접 짜서 어머니에게 전달한다. 어머니는 주어진 예산에서 점심 메뉴대로 장을 봐서 반찬을 만드신 후 가져와서 차려주신다. 이렇게 하니 밥 한끼 먹겠다고 이리저리 돌아다니는 시간이 절감되었고, 개인 비용 절감에도 큰 도움이 된다.

2 CHAPTER

다다익선 : 많을수록 좋은 유통의 미학

 유통에 있어서 우리는 온라인 쇼핑몰 그것도 특정 쇼핑몰과의 궁합이 잘 맞았다. 이 쇼핑몰이란 다름 아닌 스킨Rx(www.skinrx.co.kr)였다. 해외 구매 대행 서비스를 처음 소개했던 위즈위드(WIZWID)의 화장품 전문몰로 출발한 곳답게, 이곳의 고객들은 낯선 해외 브랜드를 받아들이는 데 거부감이 없었고, 비록 브랜드 지명도는 낮더라도 효능이 뛰어난 제품이라면 무조건적으로 사랑해주는 사람들이었다.

스킨알엑스에서 우리 제품의 인기가 높아지자, 별다른 노력을 하지 않아도 차츰 입소문이 나기 시작했다. 이후부터 거래처가 저절로 늘기 시작했다. 입점 제안서를 쓸 필요가 없었다. 소문을 들은 유통업체들의 MD들이 미리 연락을 해와서 서로 유리한 조건을 제안하기 시작했으니까.

우리 회사의 거래처는 온라인 쇼핑몰, 오프라인 매장, 홈쇼핑 그리고 폐쇄몰로 구분된다. 처음에는 온라인 쇼핑몰로 시작했고, 웬만큼 진출한 이후에는 오프라인 매장으로 거래처를 늘려갔다. 여기서 꼭 들려주고 싶은 나의 조언은 거래처의 비중은 온라인이나 오프라인 중 어느 한쪽으로 치우쳐서는 안 된다는 것이다. 우리는 적절한 밸런스를 유지하면서 온오프 거래처를 모두 잡기로 했다. 그리고 회사 직원의 수가 적은 만큼 모든 거래처를 직접 거래하려고 욕심내서는 안 된다는 결론을 내렸다. 화장품 전문몰들이 주춤하는 최근, 우리의 주요 거래처는 다음과 같다. 롯데닷컴이나 SSG 같은 종합 온라인 쇼핑몰, 기업이 직원 복리 차원에서 운영하는 폐쇄 복지몰, 지

마켓이나 11번가와 같은 형태의 오픈 마켓, CJ 올리브영이나 롭스, 랄라블라 등의 오프라인 드럭스토어, 코스트코 같은 마트 및 온라인 면세점 등이다.

이 중에서 포장 형태가 특수한 코스트코와, 전문 인력이 운영하는 편이 효율적이라고 판단한 면세점의 경우는 전문 벤더를 통해 유통하고 있다.

온라인 쇼핑몰

우리가 창업할 당시에는 스킨알엑스(www.skinrx.co.kr)는 국내 화장품 온라인 쇼핑몰 1세대로 분류될 만큼 영향력이 큰 거래처였다. 하지만 지금은 종합몰의 다양한 프로모션과 할인 혜택 때문에, 소비자들이 전문몰보다는 종합 온라인 쇼핑몰을 이용하는 경우가 많다.

당시 스킨알엑스의 고객들은 새로운 브랜드를 받아들이는 데 매우 개방적인 소비 계층이었다. 개중에는 해외에서 거주했던 경험이 있는 사람들도 상당히 많았다. 하지만 지금은 소비자들이 해외의 소식을 더 빠르게 접하는 시대가 되었다. 그래서 어떤 특정한 쇼핑몰에 먼저 입점할 것을 권할 수가 없다. 물론 신규 브랜드가 종합몰에 바로 입점하는 게 쉽지 않을 수 있다. 그럴 때는 여전히 스킨알엑스가 가장 먼저 입점을 고려해야 할 업체 중 하나로 꼽힌다.

우리의 경우에는 스킨알엑스 입점 후 각종 전문몰(이제는 역사 속으로 사라진 엔조이뉴욕, 페이스드림, 스킨어스, 밍키닷컴, 스킨베베)에서 연락이 왔다. 이후 종합몰(롯데닷컴, 신세계몰, CJ몰, GS이숍, 현대H몰, AK몰, 롯데I몰)의 입점 요청도 이어졌다.

갓 입문한 쁘띠 무역상이라면 해당 쇼핑몰로 직접 입점 신청을 해야 한다. 각 사이트별로 한쪽에 '온라인 입점 신청 양식'이라고 적힌 메뉴가 있기 마련이다. 이 해당 사항들을 채운 후 제출하면 며칠 내로 연락이 온다. 각 몰의 화장품 담당 MD를 만난 후 제품을 소개하고 수수료, 계약 조건 등에 대한 설명을 듣는다. 수수료는 쇼핑몰마다 다르지만 일반적으로 30~35% 정도라고 보면 된다. 매우 드물지만 일부 브랜드는 그 이하의 수수료를 제안받기도 하니, 수수료에 대해서 유사 브랜드의 조건을 미리 파악하고 가는 것이 좋다. 세일즈 담당으로써 나의 영업 전략은 MD를 만날 때 솔직함이다. 꼼수를 부리지 말고, 수입 원가나 계약 조건 등에 대해서도 사실대로 얘기하는 것이 좋다.

벤더(vendor)

쁘띠 무역상과 쇼핑몰 사이의 중간 역할을 하는 사람이다. 영업 인력이 없거나, 사업 초기라 이 분야의 인맥이 전혀 없는 사람의 경우에는 벤더의 도움을 받는 것도 좋다. 이들은 오래된 인맥, 세일즈 경력이 있는 사람이니까 입점 처리에 그만큼 유리하다. 경험상 많은 브랜드를 취급하는 벤더일수록 쇼핑몰에 영향력이 크고, 그만큼 많은 것을 대신 요청해줄 수 있다. 나중에 설명할 수수료, 판매 장려금 같은 재정적인 부분에서 대신 나서서 네고를 해주기도 한다. 선배 쁘띠 무역상으로부터 소개받는 게 가장 확실하다.

TIPS

판매 장려금

쇼핑몰의 프로모션 전략에 따른 추가 비용을 의미하는데, 대부분의 오프라인 숍에 입점하기 위해서는 이 비용이 든다. 예를 들어 온라인 광고료, 좋은 자리에 노출하기 등의 이점이 주어진다. 잘 팔리는 브랜드의 매출을 늘리기 위해, 또는 안 팔리는 브랜드의 매출을 도와주기 위해서 제안한다. 물론 무료로 해주는 경우도 있다.

온라인 쇼핑몰 주문 처리

　　주문 처리에 관해서는 걱정하지 않아도 된다. 온라인 쇼핑몰들이 많아지면서 'PIN'이나 'SCM' 같은 주문 확인용 전산 시스템이 상용화되었다. 고객이 주문을 하면 이 프로그램들을 통해서, 각 쁘띠 무역상의 사무실에서 곧바로 확인할 수 있다. 이 전산 시스템에 회사 아이디로 로그인한 후, 주문 내용을 출력하고 주문 처리를 하면 된다.

　　최근에는 재고 관리와 함께 매출 관리까지 할 수 있는 통합 프로그램을 이용하기도 한다. 이 프로그램(유료)을 이용하는 업체 담당자의 의견은 프로그램 이용만으로 직원 1~2명 역할을 해낸다고 한다.

　　해당 쇼핑몰에 배송 작업까지 모두 위탁하는 방법도 있다. 예상 판매분량의 물건을 한 번에 입고시켜서, 배송 수수료 등을 쇼핑몰에 지불하는 방식인데, 온라인 쇼핑몰의 경우는 거의 없고 홈쇼핑 경우에는 대부분 이렇게 사전 입고를 하게 된다. 주문에 따라 배송을 하고 나면, 30~90일 이후에 쇼핑몰로부터 판매 금액(쇼핑몰 판매 수수료를 제외한)이 입금된다.

오프라인 매장

"온라인 쇼핑몰 외에 꼭 오프라인 매장에 입점해야 하나요?" 라고 질문할 예비 쁘띠 무역상이 있으리라 생각한다. 하지만 내 대답은 가능하다면 열어야 한다는 쪽이다. 온라인과 오프라인 고객층은 확실히 다르다. 새로운 브랜드를 선호하고 모험심이 강한 온라인 고객에 비해, 오프라인 고객들은 보수적이다. 그들은 물건을 직접 봐야 비로소 지갑을 연다. 또한 온라인 고객들에게 신뢰를 심어주기 위해서도 오프라인 매장의 역할을 중요해진다.

우리 회사 최초의 오프라인 거래처는 '코즈니(kosney)'였다. 제일 처음 의류용 양면테이프를 판매할 때, 코즈니에서 먼저 입점을 제안해왔다. 젊은이들이 많은 이화여대 앞, 명동 등에 매장이 있었기에 제품 홍보에 유리하겠다고 판단했다. 이후 화장품으로 업종 변경을 하게 되었을 때, 다시 담당자를 찾아가서 제안을 했고 성사가 되었다. 코즈니의 경우, 제품 전시대는 물론 POP까지 업체가 다 제작해서 입점해야 한다. 그래서 온라인에 비해 번거롭긴 하지만, 그만큼 제품별 특징을 가장 잘 전달할 수 있다는 큰 장점이 있다. 수수료는 제품별로 차이가 있지만, 30% 이상으로 책정한다.

두 번째 오프라인 매장은 한국형 드럭스토어인 'CJ 올리브영'이었다. 기본적으로 대형 드럭스토어 매장 입점은 '박리다매'라고 보면 된다. 수수료는 35% 이상이며, 물류 비용이나 판매장려금 등이 추가되면 거의 50~55% 정도가 매장 관리 및 수수료 명목으로 들어간다. 하지만 그만큼 '다매'가 가능하다는 점을 다시 한 번 강조하고 싶다. 우리회사만 해도 CJ 올리브영에 입점한 후로, 온라인 쇼핑몰만 거래할 때보다 배에 가깝게 판매량이 늘었고 제품 인지도도 높아졌다.

오프라인 매장은 매장 수만큼 관리 작업의 양도 많아진다. 토너 카테고리가 아예 없던 GS왓슨스(현 랄라블라)와 CJ 올리브영에 처음 입점할 당시만 해도 매장 수는 몇 개 되지 않았다. 하지만 현재 CJ 올리브영만 해도 1,000여 개를 바라볼 만큼 매장 숫자가 증가했다. 사업 초반에는 전문 인력을 채용하는 대신 벤더를 영입했지만, 지금은 직접 거래로 가격을 낮추기 위해 고군분투하는 중이다.

오프라인 입점 시에는 주요 거점 매장을 중심으로 시작해서 점점 매장 수를 늘려나가는 방법을 권한다. 집기 비용이 상승할뿐더러 재고 보유량이 늘어나는 만큼 괜히 욕심 부렸다가는 초반 비용이 고스란히 손해로 남을 수 있다. 시장 반응도 살필 겸 적은 수의 매장으로 시작하고, 반응이 좋으면 늘려나가는 편이 바람직하다.

TIPS

판매 유보금

첫째 달 매출의 전액 또는 10~20% 정도를 계약 종료 시 받는 것이다. 일종의 'DEPOSIT' 금액이라고 보면 되는데, 거래 형태나 유통 형태에 따라 있기도 하고 없기도 하다.

오프라인 프로모션의 예시

경쟁이 치열한 만큼 사은품 증정, 할인 행사 등을 고민해야 한다. 오프라인 매장에서 프로모션을 요청하는 경우도 많으니, 미리 준비하고 있어야 한다. 가끔 '해외 여행권, 샤넬백 증정' 등의 경품 프로모션을 진행하는 업체들이 있는데, 이는 고스란히 판매자 비용으로 책정된다. 요즘 소비자들은 경품 행사가 많은 브랜드의 경우, 결국 판매가에 포함되는 것이 아니겠냐며 의심할 만큼 똑똑하다. 따라서 이런 식의 프로모션은 자제하라고 충고하고 싶다.

세이어스 프로모션 토너 판매 시 미스트 공병을 증정하는 행사를 했다. 인터넷에서 화장품 공병 용기 제작하는 곳을 찾아서, 직접 방문한 후 주문했다. 대표 업체로는 누리 플라스틱, 동방 플라스틱 등이 있다. 고객의 리뷰를 보니, 토너를 바를 때 고객들이 선호하는 화장솜이 있었다. 면소재의 거즈 형태로 된 펼치는 화장솜이었는데, 여기에 제품을 푹 적셔서 사용하면 마스크처럼 사용할 수 있었다. 고객들의 아이디어를 사장시키지 않고, 이 화장솜을 생산하는 업체를 찾아냈다. 자체 박스 패키지를 디자인해서 이 화장솜을 넣은 후 구매 고객에게 제공했는데, 반응이 폭발적이었다.

로즈앤코 프로모션 틴 케이스에 담긴 립밤 제품으로, 고객들의 리뷰 중에 뚜껑이 헐거워서 가방 속에서 열릴까 걱정된다는 얘기가 있었다. 본사에 문의했더니, 이런 고객 리뷰는 전세계 고객 중 우리나라에서 유일했다며 이후에 틴케이스 제작 시 반영하겠다고 했다. 개선된 제품이 올 때까지는 뚜껑이 헐거워지는 문제가 계속 남아 있기에, 가방 디자인을 하는 선배에게 의뢰해 립밤용 파우치를 별도로 제작했다. 제품 단점을 보완하면서도, 고급스러워 보이는 장점이 있어서 판매에 적잖이 도움이 되었다.

홈쇼핑

한 홈쇼핑 채널의 담당 MD가 우연히 우리 회사 브랜드 중 하나인 세이어스의 토너를 구매해서 사용해본 후, 홈쇼핑에서 판매해 보고 싶다며 연락을 해왔다. 처음에는 거절했다. 당시 "홈쇼핑 입점은 대박 아니면 쪽박"이라는 소문이 쁘띠 무역상들 사이에 만연해 있었고, 무리하게 홈쇼핑 입점을 추진했다가 실패할 경우에 온라인 판매에 영향을 미치지 않을까 하는 걱정에서였다. 예전에 다녔던 회사에서도 홈쇼핑 대박을 노렸다가 한 번 실패를 맛본 후, 회사 전체가 휘청거렸던 적이 있었다. 따라서 신중할 수밖에 없었다.

홈쇼핑에 입점하려면 적어도 1~2주 전에 물건을 입고해야 한다. 대강 온라인 쇼핑몰의 1~2주치 판매 물량을 30분 내에 파는 것이라고 보면 된다. 판매가 된 것에 대해서만 결제가 되는데, 만약 판매가 저조할 경우, 재고에 대한 부담을 고스란히 떠안게 된다. 특히 홈쇼핑의 화장품 제품들은 단품보다는 패키지로 판매하게 되는데, 단계별로 사용하는 제품이거나 메이크업처럼 세트 판매가 가능한 제품의 경우에는 유리하다. 하지만 단품으로 사용할 수 있는 화장품은 이 경우, 3~4개를 묶음 판매하는 수밖에 없다. 당시 우리가 판매하던 토너의 경우도, 서로 다른 3개의 향을 하나로 묶어 판매해야 했는데 홈쇼핑 업체 담당MD의 꾸준한 설득으로 일단 한 번 해보기로 했다. 이전에 갖고 있던 선입견 중 하나가 반품이나 고객 컴플레인 비율이 높다는 것이었는데, 생각보다 별로 없어서 다행이었고 준비한 수량을 모두 팔아서 다행이었다.

폐쇄몰

기업들이 직원을 위해 '복지몰'이라는 형태로 운영하는 쇼핑몰이다. 시중의 상품을 대량 구매하면서 그만큼 할인을 받고, 직원들이 저렴하게 구매할 수 있는 혜택을 제공한다. 폐쇄몰의 경우 인터넷에 찾아봐도 검색은 되지 않으니, 헛수고 말도록. 이곳은 직접 거래도 가능하지만 우리는 벤더를 통하고 있다.

> **TIPS**
>
> ### 포장 관리는 비용 절감과 직결
>
> 온라인 쇼핑몰의 고객 불만 대부분은 포장에 대한 것이다. 특히 세이어스 토너의 경우, 용기보다는 플라스틱 뚜껑이 파손의 위험이 높았다. 진짜 안전하게 포장하는 방법을 찾기까지 4~5번의 시행착오를 겪었다. 그 결과 제품의 뚜껑 부분에 신경 써서 포장해야 한다는 것을 알게 됐다. 또한 박스의 재질에 따라 파손 정도가 달라진다는 것도 발견했다. 인터넷에서 살 수 있는 일반 배송 박스는 파손이 잦았기에, 인천 남동 공단에 가서 배송 상자를 직접 주문했다. 두툼한 종이 재질로 선택하자 파손이 현저히 줄어들었고 불만도, 재배송 비용도 줄었다.

기업 판매

기업들이 고객 선물 증정용으로 판매할 제품을 찾기도 한다. 제약 회사나 술 회사에서 영업 사원들의 증정용 사은품으로 화장품을 대량 구매하는 경우가 많다. 계약을 체결하면 물건을 대량으로 넘기면 되므로, 중간 관리 및 배송 비용이 들지 않아서 저렴한 가격에 물건을 넘기기도 한다. 문제는 개인적으로 뚫기는 힘들고, 기업 판매 전문 벤더들을 접촉할 때 알음알음으로 소개받는 수밖에 없다.

소셜 셀러

많이 모일수록 제품 가격이 내려가는 소셜 커머스가 사라지고 이제는 공동구매라는 또 다른 유통 채널이 등장했다. 처음에는 과연 이 채널이 자리 잡을 수 있을까 의구심도 들었고 우려도 많았지만, 아모레퍼시픽과 같은 거대 화장품 기업이 소셜 셀러 전문 제품을 출시할 정도로 이제 소셜 셀러는 새로운 유통 채널로 확실히 자리매김했다.

소셜 셀러는 유튜브 채널을 이용하는 1인 홈쇼핑 같은 형태와 인스타그램의 파워 인플루언서가 라이브 방송을 하는 형태, 그리고 네이버 블로그나 카페를 통해 폐쇄적으로 가격 정보를 주고받는 형태가 있다. 유튜브를 통한 셀러의 주요 고객층은 18~24세의 젊은 세대이고, 인스타그램과 네이버 셀러의 주요 고객들은 30대 이상의 주부인 경우가 많다.

3
CHAPTER

PR은 액세서리다

이 장의 제목이 'PR보다 영업'이라는 것을 다시 한 번 되새겨 보도록. 쁘띠 무역상을 꿈꾸며 이 분야에 뛰어드는 대부분의 사람들은 홍보만 잘해도 물건을 팔 수 있으리라고 생각한다. 하지만 PR은 어디까지나 액세서리, 즉 잘하면 좋지만 홍보비로 거액을 책정할 정도로 집중할 필요는 없다. 몇 개의 기사 노출 정도로 사람들의 머릿속에 새로운 화장품 브랜드 명이 각인될 수 없다는 사실을 알아야 한다. 물론 노출된 순간만큼은 효과가 확실하다. 로즈앤코를 론칭한 지 한 달 만에 〈중앙일보〉 기사에 '틴케이스 립밤의 양대산맥'이라는 제목으로 우리 제품 사진과 정보가 노출되었다. 신문 기사 영향이 그만큼 대단하다는 것을 그때 알았다. 하룻동안 정신을 못차릴 정도로 제품 매출 및 문의 전화가 폭주했으니 말이다.

이외의 PR 작업은 예전 화장품 회사에서 알아두었던 잡지사 뷰티 기자들에게 매달 신제품 자료와 보도자료를 보내는 정도였다. 제품을 보내면서 손 글씨로 적은 작은 메모지들을 함께 넣어서, 제품의 간단한 특징과 개인적인 품평기를 적었는데, 좀 색다른 홍보 방법이었는지 잡지 기사에 제품이 노출되는 확률이 높아졌다.

입점을 위해 MD들을 만날 때면 잡지와 신문에 나온 기사들을 스크랩해 두었다가 가지고 가서 보여준다. 경쟁업체들이 으레 그렇듯이 돈을 주고 애드버토리얼 기사 페이지를 산 것이 아니냐고 물어보곤 했고, 아니라고 하자 무척 놀라는 눈치였다. 잡지나 신문의 커버리지는 이외에 쇼핑몰의 상품 정보 페이지에 활용하기에도 좋은 소스가 된다. 꾸준히 노출될 수 있도록 인맥을 잘 관리하고, 새로운 제품 뉴스를 꾸준히 업로드하는 노력이 필요하다.

인쇄 매체의 역할이 많이 줄어든 요즘은 파워 인플루언서를 통한 제품 시딩이 가장 주목받는 홍보 방법으로 꼽힌다. 인플루언서들은 제품만 증정받는 경우도 있지만, 제품 소개 명목으로 업체로부터 적게는 5만 원부터 많게는 몇 백만 원까지 시딩 비용을 받기도 한다.

비용 부담이 크고 자료로 남길 수도 없는 PR 형태이지만 소비자들에게 가장 어필하기 쉬운 방법이자 그만큼 효과적인 수단이다. 아직까지 우리 회사에서 이 PR 방법을 적극적으로 활용한 적은 없지만, 유통 채널에서 직접적인 요청을 받곤 한다.

PART

고객의 소리를 찾아서

dossier

전 세계에서 화장품 관련 사업을 하는 데 있어 가장 어려운
나라가 아마도 대한민국일 것이다. 첫째는 소비자들의 눈높이가
높고 워낙 까다롭다는 데 있고, 둘째는 만족하지 못했을 때 그
불만의 표출 속도나 강도 또한 세계 최고다. 그래서 중요한 것이
대응 속도다. 일단 빨리 배송해야 하고, 불만이 올라왔을 때
빨리 처리하는 게 기본이다. 물론 좋은 점도 있다. 마음에 드는
제품이나 서비스에 대한 표현력도 전 세계 둘째가라면 서럽고,
진심에서 우러난 댓글이나 입소문이 퍼져나가는 속도 역시
최고라는 것. 쁘띠 무역업에 있어서 빠르고 철저한 고객 관리란
그래서 곧 숙명이 된다.

CHAPTER 1

빛보다 빠른 배송

쇼핑몰에 올라온 불만 댓글을 꼼꼼히 읽다 보면, 고객 불만의 대부분이 배송에 대한 것이라는 걸 알게 된다. 늦게 왔거나, 잘못 왔거나, 부서져 왔거나 이도 아니면 물건이 중간에서 사라져버렸다는 것이다. 그 원인은 다양하다. 고객이 주소를 잘못 입력했거나, 우리가 포장시 약속한 사은품을 누락했거나, 배송사의 실수이다. 아주 드물지만 더 나쁜 상황도 있다. 바로 물건을 받고도 안왔다고 거짓말하는 고객을 만났을 때다.

어떤 상황이건 이는 쁘띠 무역상에게는 나쁜 상황이 된다. 잘못된 물건을 착불로 돌려받고, 다시 물건을 보낼 때도 배송 비용이 발생하기 때문이다. 가령 일반적인 택배 배송 가격이 2500원이라고 볼 때 결국 2500원에 보낼 물건을 7500원에 보내는 상황이 발생하게 된다. 당연히 수익은 포기해야 한다. 얼마만큼의 잠재력을 지녔을지 모르는 고객 한 명을 잃었고, 미래의 고객에게 영향을 줄 나쁜 평판을 얻었다. 하지만 가장 최악은, 고객의 불만을 처리하는 과정에서 쁘띠 무역업체의 관계자들이 무수히 상처받고 있다는 사실이다.

> **TIPS**
>
> ### 포장 박스는 디자인보다 품질!
>
> 사업 초기에는 뭐든지 예쁘게 하고 싶은 욕심이 생기기 마련이다. 예쁘게 포장된 제품은 배송하는 업체도 기분 좋고 받는 고객들도 기분은 좋겠지만 가장 중요한 건 안 예뻐도 안전하게 물품을 배송받는 거라는 생각은 변함이 없다. 샘플을 구입한 후에 제품을 직접 담아보고 튼튼한 포장재로 결정하면 된다. 단품 배송용 상자와 세트 제품 배송용 상자로 구분해 구매하면 편리하다.

배송은 이렇게 중요하다. 따라서 현명한 쁘띠 무역상이라면 무조건 싼 가격의 배송업체를 찾기보다는, 평판이 좋은 업체인지 확인하는 게 급선무이다. 내 경험상 유통 회사의 경쟁력은 회사의 역사나 규모보다는 시스템이 얼마나 잘 갖추어져 있느냐에 좌우되는 것 같다. 배송 직원 1인당 책임져야 하는 물량 쿼터, 지역별 분배 규칙 등에 따라 배송 속도와 질이 달라지기 때문이다.

결론적으로 우리 회사가 가장 믿을 만하다고 판단한 배송 업체는 우체국 택배다. 사업 초기에는 배송 일정을 오전/오후 두 차례로 나눈 후 12시(정오)와 18시 경에 가까운 우체국에 가서 물건을 보냈다. 그러나 주문 물량에 관계없이 하루에 두 번이나 물건을 싣고 우체국을 왕복해야 하니, 꽤 번거로운 작업이었다.

그러던 어느날, 얼굴을 익힌 우체국 담당 직원으로부터 하루 10건 정도의 물량을 개런티할 수 있으면, 우체국 택배 직원이 사무실을 방문하여 물건을 픽업해가도록 할 수 있다는 얘기를 들었다. 당장 계약을 했다. 처음에는 행여 계약 물량을 다 채우지 못하는 날이 생길까 봐 걱정했는데, 다행히 당시 막 수입을 시작한 화장품 브랜드의 판매가 호조를 보이며 물량이 기하급수적으로 늘어났다. 주문이 많은 날은 택배 기사님께서 오시기로 한 시간까지 제품 포장이 끝나지 않아서, 사무실로 오신 기사님이 아예 두 팔 걷어붙이고 박스 포장과 송장 부착 작업을 해주셔야 하는 상황도 생겼다.

　　배송량이 꽤 되는 지금은 꾸준히 다른 택배 업체에서 현재보다 대폭 낮춘 가격으로 역 제안을 해오기도 한다. 하지만 우리는 창업 이래 지금까지 우체국 택배를 포기하지 못하고 있다. 그 이유는 몇 가지가 있다. 제주도 및 일부 도서 지역을 제외한 전국의 웬만한 곳에 거주하는 고객들이 대부분 주문 다음날 물건을 받을 만큼 확실한 익일 배송이 가능하다는 것이 그 첫번째 이유다. 그리고 지금까지 공식적으로 거래한 기간 동안 배송 사고가 손에 꼽힐 정도로 안전하고 확실한 배송력 때문이다. 이뿐 아니라 연휴나 명절에도 공식적인 휴일이 아닌 이상 배송 서비스는 계속된다. 우체국 택배가 아닌 다른 배송업체를 이용하는 쁘띠 무역상에게 들은 정보에 따르면, 대부분의 택배업체는 연휴나 명절 2~3일 전에 배송을 마감시키고 선물세트 배송에 주력하기 때문에 제품이 3~7일 지연배송 될 확률이 높다.

　　뿐만 아니라 현재 우리는 온라인 출고 전용 창고 용도로 우체국 창고를 임대해서 사용하고 있다. 지역별 우체국에는 현재 사용하지 않는 창고 건물이나 예전 사택 공간이 있다. 우체국은 이런 공간들을 국유지 사용 허가를 받은 업체에 아주 저렴하게 임대한다. 그래서 우리는 서울 시내 120여 평의 공간을, 원룸 임대료 정도의 비용으로 사용하고 있다. 이런 혜택은 우체국 택배를 일정 물량 이상 이용하는 업체에게 우선적으로 돌아간다.

CHAPTER 2

댓글로 팝니다

세이어스의 판매가 시작된 지 채 한 달이 지나지 않았을 때의 일이다. 어느 날 갑자기 주문량이 늘었다. 그냥 20~30% 정도로 조금 증가한 것이 아니라 100~200%로 주문량의 곱절이 늘었다. 그리고 주문량은 날이 갈수록 계속 늘어났다. 일단 정신없이 들어오는 주문을 처리한 후, 어느 정도 여유가 생겼을 때 주문이 폭주한 인터넷 쇼핑몰을 분석해보기로 했다. 마침내 그 이유를 알았다. 댓글 하나에서, 모든 것이 시작되었다는 것을.

세이어스를 사용한 어느 주부 소비자 한 명이 자신의 실제 사용 경험을 소개하며 매우 진솔한 댓글을 단 것이다. 이 글이 올라오고 몇 시간 되지 않아, 다른 누군가가 비슷한 경험을 했다는 댓글을 달았고, 그 다음 사람은 자신도 그런 용도로 사용해봐야겠다고 썼다. 처음의 사용평에 댓글이 길게 달리기 시작하면서 원본글의 조회 숫자도 계속 올라갔다.

이렇게 시작된 기이한 주문 폭주 현상은 무려 수주간 계속되었다. 이 경험을 통해 우리는 화장품에 대한 유사한 만족 경험이 계속될 경우, 이것이 지니게 되는 힘은 막강하다는 사실을 알았다. 진실한 입소문의 힘이었다. 사람들은 긍정적인 자극이 반복될 경우, 그것이 틀림없는 사실이라고 믿기 때문이다.

가끔 이런 식의 온라인 화젯거리를 만들기 위해 판매자가 직접 여러 개의 다른 아이디로 댓글을 달곤 했다는 얘기를 듣는다. 물론 초창기에는 우리 회사도 이런 방법을 시도했음을 고백한다. 하지만 똑똑한 요즘 소비자들은, 광고성의 댓글과 경험과 진심어린 만족감에서 우러나는 댓글을 확실히 구별하는 안목을 가진 듯하다. 결론적으로, 이런 거짓 댓글을 쓰는데 쓸 시간이 있다면 다른 데 투자하는 것이 훨씬 현명하다!

　하지만 댓글에 목숨 걸어야 할 때도 있다. 바로 부정적인 사용 소감이나 불만 댓글이 올라왔을 때다. 이런 글이 올라왔을 때는 곧장 '고객의 불만 사항을 접수했으며, 이 상황에 대해 사과한다. 불만 처리를 위해 접촉할 담당자 이메일이나 사무실 전화번호를 알려주겠다'는 글을 남긴다. 이런 댓글에 대해 빨리 대처하지 않으면 파장은 커진다. 이후의 신규 구매자들은 물론 이미 제품을 구입한 기존 구매자들에게도 제품의 품질에 대한 의구심을 가지게 할 수 있다. 입점해 있는 쇼핑몰의 관리자에게 좋은 인상을 줄 수 없다는 것은 또 다른 차원의 문제다.

　화장품 판매자의 경우, 고객의 불만을 실시간으로 처리할 수 있도록 판매 사이트는 물론 제품에도 고객 상담 전화번호를 표시해야 한다. 불만을 가진 고객이 전화를 걸었는데 통화가 되지 않는다면, 상황이 악화될 수 있다. 따라서 사무실로 걸려오는 고객 전용 전화는 틀림없이 받고, 사무실을 비웠을 때는 핸드폰으로 전환되도록 해야 한다.

> 어느 주부 소비자 한 명이 자신의 실제 사용 경험을 소개하며 매우 진솔한 댓글을 단지 몇 시간 되지 않아, 다른 누군가가 비슷한 경험을 했다는 댓글을 달았고, 그 다음 사람은 자신도 그런 용도로 사용해봐야겠다고 썼다. 처음의 사용평에 댓글이 길게 달리기 시작하면서 원본글의 조회 숫자도 계속 올라갔다. 제품에 대한 유사한 만족 경험이 계속될 경우, 이것이 지니게 되는 힘은 막강하다. 사람들은 긍정적인 자극이 반복될 경우, 그것이 틀림없는 사실이라고 믿기 때문이다.

재미있는 고객 불만 상담 사례

우리 회사에서 판매하는 세이어스(Thayers) 토너의 경우 'Th'로 시작하기 때문에 국문 표기법을 어떻게 할지를 두고 고민을 많이 했었다. 결국은 된소리 발음으로 브랜드명을 표기하고 싶지 않아서 우리 식으로 해석해 표기했다. 그런데 어느 날 사무실로 전화 한 통이 걸려왔다. 스스로를 미국에서 오래 살다가 귀국한 사람이라고 밝힌 고객의 불만 사항은 뜻밖이었다. 바로 브랜드명이 정확한 발음이 아니라 거슬리신다는 것이었다. 브랜드명을 정확한 발음으로 표기하지 않은 '죄'를 진 우리는 고객에게 사과해야 했다. 사과받은 것에 만족했던 그 고객은 종종 우리에게 전화를 하셨는데 이유는 매번 달랐다. 다른 화장품 업체에 불만 접수를 했는데 그들의 태도가 너무 불친절해서 생각나셨다고 한 적도 있고 화장품 수입사 전체에 불만이 생겨서 관련 정부 기관에 불만 접수를 하고 4시간 동안 전화로 싸웠더니 담당 직원이 '아무것도 사지 말고 사시라'고 하고 전화를 끊었다며 분통을 터뜨리기도 했다. 우리 회사의 고객 상담 전화를 담당하는 직원은 처음에는 황당했지만 아마도 중년의 나이일 것으로 짐작되는 이 분에게는 '대화할 상대가 필요하다'는 결론을 내린 모양이다. 전화가 걸려오는 때가 늘 매주 월요일이기 때문이다. 때로 통화가 20~30분가량 이어지기도 하지만, 이제는 일과처럼 기분좋게 응대하려고 애쓰고 있다.

TIPS 고객 불만 대응법

수입 화장품의 경우, 제품 포장 상자나 패키지에 별도 제작한 스티커를 붙이고 수입한 회사의 고객 상담실 전화 번호를 적도록 하고 있다. 따라서 제품에 대해 불만을 가진 고객들이 회사로 직접 전화해오는 경우가 생긴다. 수년간의 사업 경험상 이럴 때 가장 좋은 대응법은 직접 고객과 입씨름하고 책임소지를 찾기보다는 판매처 CS(Customer Service) 전문가들한테 직접 불만접수를 하도록 안내하는 것이다. 우리가 거래하는 대부분의 온라인 쇼핑몰이나 홈쇼핑 등은 별도로 고객 상담실 등을 운영하며 숙련된 전문 상담 직원을 두고 있다. 어설픈 대응으로 고객의 화를 키우기보다는 전문적인 대응이 더 효과적일 수 있다. 따라서 어느 쇼핑몰에서 제품을 구매했는지 파악한 후, 해당 구매 몰의 고객 상담실로 곧장 연결해주기를 권한다.

간혹 수입사와 직접 상담하기를 원하는 고객들도 있다. 이럴 때는 차근차근 문제점을 접수하고 해결책을 함께 모색해야 한다. 배송 서비스에 대한 고객 불만은 차라리 해결이 쉬운 편이다. 또한 제품 유통 기한에 대한 문제 역시 수입 빈도를 잘 조절한다면, 절대 발생하지 않을 문제점이다(우리는 한국 소비자들이 유통 기한에 민감하다는 점을 고려해, 매월 2회 수입을 원칙으로 삼고 있다. 그 결과 제품의 변질 등에 관한 고객 불만 사항은 단 한 차례도 발생하지 않았다.). 가장 해결하기 까다로운 문제는 피부 자극 반응이나 트러블 등이 발생했을 때다. 아무리 사전에 성분을 파악하고, 알레르기 테스트 등을 거쳐서 출시된 제품이라고 해도 사람의 피부란 100명이면 100명이 다 다를 수 있다는 점을 알아야 한다. 아무리 꼼꼼하게 반응을 체크하고 출시된 화장품이라고 해도, 자신의 피부에 맞지 않는 예민하고 특이한 체질의 소비자들이 있기 마련이다.

불만 사항을 접수했을 경우, 일단 제품 사용을 중지할 것을 안내한다. 그리고 제품을 들고 피부과의 패치테스트를 받도록 권유해야 한다. 이런 일이 발생하면, 고객들은 흥분 상태이거나 피부 고민으로 스트레스가 극대인 상태다. 차분히 고객의 이야기를 들어주고, 철저히 고객의 입장에서 생각해야 한다. 위로비 명목으로 치료비 이상의 금액을 요구하는 고객을 만나는 일도 매우 가끔씩 있다. 무리한 요구를 들어주지 않을 경우, 악의적인 댓글을 달거나 해당 쇼핑몰에 고발하는 경우도 있다. 이 경우, 쇼핑몰 담당자에게 고객의 불만 처리를 위해 최선을 다했다는 증거(치료비 송금 영수증이나 전화 통화 내역)를 보내주고 중재를 요청해야 한다. 다행히 우리 회사의 경우 아직까지 이런 고객들은 없었다. 불만이 있는 고객에게 할 수 있는 회사의 최종 방침을 확실히 알려주고 선을 긋는 것이 좋다.

한편 쁘띠 무역상들에게 조언하고 싶은 것은 사전에 PL 보험에 가입하라는 것이다. PL(Products Liability) 보험이란, 생산물 배상 책임 보험 또는 제조물 책임 보험이라고 불리는데, 판매 제품의 결함으로 인하여 사용자나 소비자가 입은 손해에 대한 배상책임을 보장한다. 백화점 온라인 몰 같은 종합 쇼핑몰에 입점하기 위해서는 반드시 'PL 보험 가입 증서'를 제출해야 한다.

안티옥시던트(Antioxidants) 피부 세포의 노화 및 손상을 촉진하는 프리-래디컬 현상을 방지함으로써 세포의 산화를 저지하는 물질. 비타민 C와 E, 베타 캐로틴 성분이 대표적.

3
CHAPTER

바다 건너
본사를 관리하라

    2011년 10월, 영어 통역 역할을 해줄 사촌과 단 둘이서 미국행 비행기를 탔다. 열흘 일정으로 총 4개 도시를 돌아다녔다. 이 중 3개 도시는 현재 취급하고 있는 브랜드의 경영진 미팅 및 공장 방문을 위해서였고, 1개 도시는 현재 접촉 중인 미수입 브랜드의 경영진을 만나기 위해서였다. 빡빡한 일정이었지만 미팅은 순조로웠다. 특히 우리 회사의 간판 제품으로 자리 잡은 세이어스의 경영진은 물량을 채 대지 못할 정도로 무섭게 자사의 물건을 팔아주는 우리를 업어주기라도 할 것처럼 극진히 대접했다. 이메일을 통해 몇 차례 요청해도 생각해보겠다고만 했던 가격 및 거래 조건 조정이, 직접 얼굴을 보고 대화한 지 몇 분 만에 금세 이뤄졌다. 심지어 우리는 독점계약 기간을 10년으로 하고 싶다고 조심스럽게 제안했는데, 그들은 그 이상의 관계를 원한다고도 했다. 계약 조건 중에 무리라고 판단되는 내용이 있어 요청했더니, 이 역시 금세 받아들여졌다. 이게 그 무서운 '페이스 투 페이스', 얼굴을 보고 하는 비즈니스의 힘이다.

본사 방문을 요청받았다면 청신호

소규모로 비즈니스를 시작한 쁘띠 무역상들에게 미국이나 유럽에 있는 브랜드 본사를 방문하는 일은 솔직히 부담스러울 수밖에 없다. 비용 문제도 그렇거니와 유창하지 못한 외국어로 비즈니스 관련 대화를 한다는 생각만 해도 등에 땀이 삐질삐질 날 일이다. 이메일로 쓰는 영어는 괜찮은데, 혹시 해외 본사에서 전화라도 오면 꿀

먹은 벙어리가 되니 말이다.

하지만 결론적으로, 본사로부터 해외 방문 제안을 받게 되면 기쁘게 응하라고 조언하고 싶다. 자신이 잘하고 있다는 의미이며, 방문 이후에 회사의 위치가 격상될 가능성이 높아지기 때문이다. 특히 최근에는 우리나라 화장품 시장의 가치가 높아지다보니, 쁘띠 무역상들과도 적극적으로 커뮤니케이션하려고 하는 외국 화장품 회사들이 늘고 있다. 특히 우리나라 소비자들의 똑똑함과 꼼꼼함은 전 세계 최고 수준이라, 자신들의 제품이 이 까다로운 소비자들로부터 어떤 반응을 얻고 있는지를 궁금해하며 직접 듣고자 하는 이들도 부쩍 많아졌다.

일례로 우리 회사와 거래하는 브랜드 중 창립 25년의 역사를 지닌 곳이 있다. 그 회사의 제품을 국내에서 판매하다가, 어느 소비자가 제기한 컴플레인이 타당성이 있다고 생각해서, 이와 관련한 문의 사항을 본사 담당자에게 전달했다. 그랬더니 바로 대답이 왔다. 25년간 자국에서는 한번도 받지 못한 컴플레인을 한국에서 처음 받아본다며 신기해했다. 이후 본사 요청대로 소비자들의 지적을 바로바로 정리해서 보냈더니 이제는 본사에서도 꾸준히 그 부문의 퀄리티 체크를 하게 되었단다.

가격과 계약 조건에 대한 조정은 만나서 얘기할 것

　수입 계약을 하자고 하면 '일단 만나자'고 얘기하는 브랜드가 적지 않다. 하지만 제품 반응이 어떻게 될지 모르는 상황에서 미리 만날 필요는 없다. 납득할 만한 이유를 들어 정중하게 거절하는 게 맞다. 본사와의 미팅에 있어 최고의 타이밍은 따로 있기 때문이다. 바로 일단 수입을 하고, 제품의 판매가 절정으로 치달을 때다.

　본사와 디스트리뷰터의 관계는 철저히 주문 물량으로 좌우된다. 전 세계의 디스트리뷰터 중 가장 많은 물량을, 자주 수입하는 이가 예뻐 보일 수밖에 없는 것이다. 이때쯤 본사 방문 계획을 잡는 것이 좋다.

　외국 비즈니스 파트너와의 미팅은 대부분 함께 식사하자는 식으로 제안받는다. 또는 본사를 방문해 미팅을 한 이후에 자연스럽게 저녁 식사 자리로 이어지기 마련이다. 말도 잘 안 통하는 상태에서 함께 식사를 하는 자리가 불편하다고 생각해 거절하기가 쉬우나, 결국 사업이란 사람들끼리 하는 일이라고 생각해야 한다. 식사 자리에서 캐주얼한 대화를 하다 보면 더 친밀해지기 마련이고, 본사와 사이가 좋아져서 비즈니스에 나쁠 리는 전혀 없다. 다만 이런 때를 대비해서 기본 식사 에티켓 정도는 갖춰두는 것이 좋다.

덧붙여 뛰어난 외국어 실력을 가진 사람이라면 훨씬 유리하다. 우리의 경우, 이 업무를 위해 섭외한 사촌이 미국 교포이면서 뉴욕에서 대학을 졸업하고 시카고에서 직장생활을 했다. 신기하게도 미국에서 만나는 사람들이 뉴욕에서 대학을 졸업했거나 시카고 출신이거나 이민자였다. 본격 비즈니스 얘기를 꺼내기 전에 일단 그들만의 공감대가 형성되면서 미팅은 늘 순조로웠다.

문화적 차이를 극복하다

맨 처음 수입했던 립밤 브랜드는 영국 제품이었다. 출시 후 갑자기 판매가 늘어, 예상보다 빨리 많은 수량을 보내줄 것을 요청했다. 하지만 '불가능하다'는 대답이 돌아왔다. 추수감사절 휴가라, 크리스마스 휴가라, 여름 바캉스 기간이라 공장이 문을 닫으니 생산을 할 수 없다는 것. 게다가 이런 휴가 기간은 꽤 길어서, 휴가가 끝난 후 생산을 해 봤자 원하는 시간에 물건을 전달받기는 힘들어진다. 친한 선배의 추천으로 스페인 브랜드를 수입하려고 6개월 매달리다 포기한 적이 있다. 스페인의 그 업체는 우리가 연락한 6월에는 7, 8월 바캉스 준비로 바빠서 신규 거래처와 일을 못한다고 답해왔다. 결국 여름휴가 기간이 끝나고 다시 연락하니 이번에는 추수감사절 준비로 바빠서 일을 못한다고 했다. 추수감사절 기간 동안 홍콩에서 샘플을 구입해서 테스트하고는 다시 연락했더니 곧 크리스마스 바캉스가 시작될 거라 신규 거래처 업무를 볼 수 없다고 했다. 기다리다 지쳐서 대체 언제쯤 거래를 할 수 있는지 궁금해하던 차에 스페인의 다른 회사와 거래 중인 후배를 알게 됐다. 어떻게 일하냐고 물으니 그냥 안 하는 게 상책이라는 조언을 해주는 거다. 늘 일 년 중 반은 위의 이유로 일을 쉬어서 제품 공급도 지연된다고. 따라서 국가별 공휴일, 바캉스 기간 등을 미리 파악하고 표시해 놓아야 한다. 또한 항공사나 운송 업체의 파업 상황도 파악해야 한다.

하지만 매출이 안정적으로 증가하자 거래처인 영국 회사의 태도가 완전히 바뀌었었다. 한국 시장에서 제품이 품절이라니까 본사의 공장 직원들이 공휴일임에도 불구하고 임시로 출근하는 사태가 벌어졌으니까. 변하는 것은 늘 있기 마련이다.

PART

6

비용 절약의 노하우

dossier

이 책을 쓰게 된 계기에 대해 얘기해야겠다. 2011년 12월, 예전 동업자였던 선배와 강화도로 짧은 여행을 갔었다. 운전을 하면서 예전 양면 테이프를 판매할 때는 몰랐으나 새롭게 화장품 무역업을 하면서 알게 된 소소한 비즈니스 노하우에 대해서 신나게 떠들었다. 흥미롭게 듣던 선배가 갓길에 차를 세웠다. "네가 이렇게 배운 사실들을 정리해서 책으로 출판하면 어때? 너 혼자 알고 있기에는 아까운 좋은 정보들이 많잖아." 처음 사업을 하기로 한 때처럼 나는 곧장 이 아이디어를 실행에 옮기기로 했고, 그 결과 이 책을 내기에 이르렀다.

CHAPTER 1

선배 쁘띠 무역상의 조언들

일을 하다 보니 쇼핑몰 MD, 벤더들을 통해 1세대 쁘띠 무역상들을 소개받게 되었고, 모임에도 낄 수 있게 되었다. 예상하겠지만 지금과는 비교할 수 없을 정도로 경쟁 브랜드가 적었던 시절에 쁘띠 무역을 시작한 1세대들은 현재 연간 수십~수백억의 매출을 올리는 성공한 사업가들이다. 사실 예전에 잠시 일했던 화장품 회사의 사장도 그런 1세대 쁘띠 무역상 중의 하나라고 볼 수 있는데, 나보다 나이도 어렸던 그 여사장의 회사는 현재 누적 매출이 약 450억에 이를 정도로 성공적으로 성장했다.

감사하게도 선배 쁘띠 무역상들은 나를 만날 때마다 자신의 이야기를 들려주기를 좋아했다. 그들의 눈에 나는 젊고 열정적인 후배로 보였나 보다. 다양한 실패담과 성공담들은 하나같이 드라마틱해서 흥미롭기도 했지만, 무엇보다 사업에 필요한 노하우들을 담고 있다는 점에서 값졌다. 10년 이상 유통업계에 종사한 벤더들로 배우는 것들도 많았다. 이전에 유명한 브랜드를 많이 담당했던 이들은 유통 비용을 줄이는 법부터 유통 마진 협상하는 법, 다양한 프로모션의 방법들을 들려주었다.

조언 1: 법인으로 전환하라

앞에서도 설명한 내용인데, 개인사업자로 사업할 때보다는 법인사업체로 운영할 경우에 누릴 수 있는 혜택이 많다. 물론 단점도 있다. 법인으로 전환하는 순간 복잡한 절차와 서류작업이 시작된다. 이때부터는 수익이 난다고 해서 원하는 만큼 가져갈 수가 없고, 10원 하나라도 수입과 지출 항목이 맞아야 한다. 또한 돈이 들고 난 증거가 법인 명의로 개설한 은행 통장에 남아 있어야 한다. 이는 곧 회계, 재무 처리의 정확성을 요구한다는 것을 의미한다.

법인의 경우, 리스 제도를 활용해 경비 처리를 할 수 있다. 자동차나 사무용 집기나 설비 같은 물품을 법인 리스로 구입하게 되면, 지불 금액만큼에 대해 회사운영 경비로 처리할 수 있다. 또한 리스는 회사의 부채로 잡히지 않는다는 장점이 있다.

조언 2: 세무와 회계가 관건!

사업을 하다 보면 절약보다 '절세'가 중요하다는 사실을 깨닫게 된다. 쁘띠 무역상도 예외는 아닐 텐데, 사업이라고는 처음 해본 우리 회사의 경우, 절세는커녕 회사 경영에 대한 지식조차도 부족했었다. 그러다 보니 초반에 회사의 흑자운영을 위해 회사 일에 개인 자금을 끌어다 썼고, 회사는 지출이 없는 구조를 만들었다.

선배 쁘띠 무역상들을 만나 얘기해본 결과, 개업 후 3년간 적자 운영 상태인 것은 전혀 이상할 것이 없는 구조라고 했다. 우리도 그럴 수밖에 없는 구조였는데도 흑자운영을 위해 어리석을 정도로 개인 자금을 끌어들여 사용하는 실수를 저지른 것이다.

이같은 실수에는 이유가 있다. 개인사업자로 운영하던 시절에는 세금 신고 시점에만 회계 처리를 프리랜서에게 맡겼었다. 하지만 법인 설립 후에는 전문적인 업무인 만큼 회계사무소와 계약을 맺고 처리하고 있다. 회사 규모가 크지 않은 현재까지도 내부 경리 사원 채용 대신 회계사무소에 많이 의지하고 있다. 하지만 회계사무소는 우리 업무를 대행해줄 뿐이지 절세에 대한 안내를 해주는 곳은 아니다. 절세에 대한 부분은 스스로 공부하고 깨달아야 한다.

advice 사업을 한다고 공언하고서는 몇 달 후에 외제 자동차를 타고 나타난 사람들을 보며, 누구보다 손가락질했던 사람이 바로 나다. 도대체 얼마나 성공했다고, 샴페인부터 터뜨리냐고 대놓고 질책하기도 했다. 하지만 여기에는 다 이유가 있었다. 세금은 철저하게 매출과 수익에 기준해서 부과된다. 이는 곧 지출에 대한 세금은 없다는 의미다. 사업을 위한 설비 투자나 감가상각 투자에 대해서는 세금이 부과되지 않고, 이 지출만큼 세금을 내지 않아도 된다. 즉 법인사업자라면 리스를 통해 자동차를 구매할 경우, 이 금액만큼의 경비처리가 인정돼 절세할 수 있다. 다 이유가 있는 거였다.

CHAPTER 2

스스로 알게 된 노하우

갑작스럽게 제품 판매가 늘어난 것만큼이나 즐거울 때가 비용 절약의 노하우를 스스로 알아냈을 때다. 시행착오나 우연에 의해서 찾아내는 경우도 많지만, 때로는 제도의 변화에 의해서 비용을 절약할 수 있는 지혜가 생기기도 한다. 지금 당장 그리 큰 금액이나 큰 혜택이 아니라고 생각할 수도 있으나, 사업을 수년째 하다 보면 그 금액이 상당하다는 것을 알게 된다. 가랑비에 옷 젖는다는 말처럼, 아무리 작은 비용이라고 해도 결국 내 주머니에서 나가는 것이기 마련이다.

고정 비용을 줄여라

쁘띠 무역상의 고정 비용 중 대표적인 것이 사무실 임대료다. 우리는 처음에 멋진 정원이 내려다 보이는 광화문의 오피스텔에서 사업을 시작했다. 위치가 좋고 지역의 랜드마크 오피스텔이라, 보증금이나 매달 지불하는 월세가 만만치 않았다. 이후 기하급수적으로 늘어난 제품을 보관할 창고를 구하다 보증금 없는 사무실로 이전하게 되었다. 물류창고를 독립시킬 만한 규모가 아닌 우리는 서울 시내에서 물류창고만큼이나 저렴한 사무실을 임대하기 위해 알아보던 중 서울 시내 곳곳에 보증금 없는 저렴한 사무실이 있다는 사실을 알게 됐다. 꽤 규모가 큰 빌딩에도 이런 사무실 임대가 가능하니 보안이 철저하고 접근성이 뛰어난 곳을 선택할 수 있다.

관세사가 있는 포워딩 컴퍼니와 계약 맺어라

양면테이프를 수입할 때는 관세사가 소개해준 포워딩 컴퍼니(국제운송업체)와 일을 해서 각각의 비용을 부담하면서 수입을 진행했었다. 그러나 지금은 포워딩 컴퍼니에 관세사가 있는 회사와 거래하고 있어 많은 비용은 아니지만 확실히 비용 절감이 되고 있다. 또 관세사가 내부에 있는 포워딩 컴퍼니는 비교적 규모가 큰 회사라 화물 운송 시스템에 있어서도 안전하고 유리한 면이 많다.

손가락이 아닌 발을 움직여라

배송용 박스, 단상자, DP용 진열대 등 의외로 필요한 물건들이 많다. 이럴 때 대부분의 사람들은 G마켓이나 옥션 같은 대형 인터넷 쇼핑몰에서 주문하고 저렴하게 해결했다고 뿌듯해한다. 우리 회사 역시 초반에는 기성 제품을 주문해서 쓰곤 했으니까.

하지만 경험을 통해 전문 업체를 직접 찾아가서 맡기면 훨씬

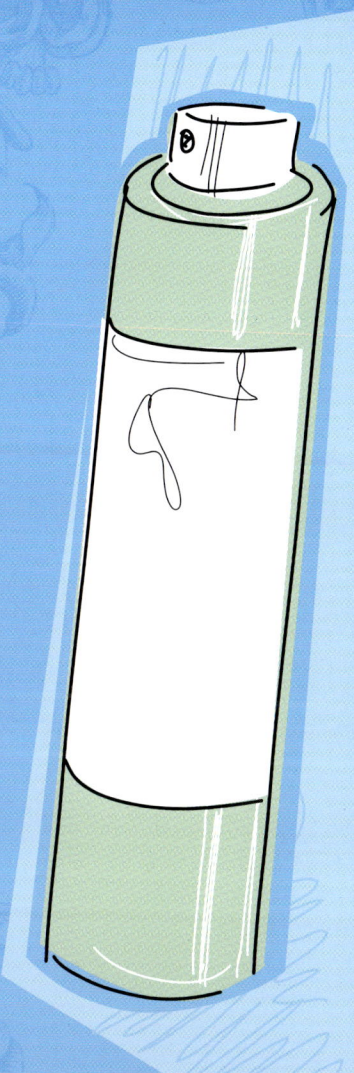

엑스폴리에이터(Exfoliator) 각질 제거제로 스크럽이라고도 한다. 표피에서 떨어져나가지 않고 남아있는 각질을 제거함으로써, 피부를 투명하게 해준다.

저렴해진다는 사실을 알았다. 중간거래상이 사라지고 인터넷 쇼핑몰에 대한 수수료 부분이 없다 보니 당연한 일. 이외에 전문 업체를 활용하면 정확하게 원하는 사이즈, 소재, 디자인의 제품을 확보할 수 있다는 장점도 있다.

박스 및 단상자 주문은 방산 시장이나 인천남동공단에 있는 업체를 검색해서 직접 찾아간 후, 소재와 컬러를 골라 맡겼다. 아크릴 진열대는 을지로 4가 부근 청계천에 밀집해 있는 아크릴 업체를 비교한 후, 한 곳에 직접 그린 도안을 맡겨서 제작한다. 이외에도 모든 부자재 업체는 반드시 견적과 품질을 비교한 후 결정해야 한다.

부자재 가격도 저렴하고 품질도 저렴한 경우에는 오히려 배송 중 제품이 훼손되는 일이 발생해서 작은 비용 아끼려다 반품과 재발송 택배비가 발생하면 더 큰 손실이 될 수 있다.

수수료를 줄여라

주거래 은행을 정하고 거래를 집중하는 것이 좋다는 것은 상식이다. 우리가 얻은 팁은 이 주거래은행은 중심가에 있는 것보다, 동네에 있는 일명 '변두리 지점'이 좋다는 것. 제일 처음 광화문에 사무실이 있었을 때는 예전에 알던 은행 직원과의 관계로 그분의 근무지를 따라 압구정동, 평창동까지 가서 달러를 송금했었다. 하지만 이 지역의 특성상 기업 거래가 많고, 외국 송금이 많아서인지 기대했던 만큼의 대우는 못 받는 느낌이었다. 이후 사무실을 서울의 주거전용지역으로 옮기면서 가까운 동네 은행에 계좌를 열었다. 주거전용지역이라 기업 거래가 거의 없는 은행들이다 보니, 처음부터 꽤 좋은 우대 조건을 제시해왔다. 그리고 몇 번 거래하지 않았는데도 금방 VIP로 위치가 격상되었고, 그 결과 송금 수수료가 더 할인되었고 더 유리한 환율이 적용되었다. 은행별로 특성이 있기 마련인데, 기업이 거래하기에 좋은 은행에서 업무를 보는 것이 더 체계적이고 효율적이었다. 1세대 쁘띠 무역상 선배들은 기업은행을 추천했고, 산업은행이나 스탠다드 채터드 같은 지점 수가 적은 대신 다른 혜택이 많은 은행들도 좋다.

PART

7

달라진 화장품법

dossier

이 책을 처음 쓰고 한창 마무리하고 있던 2012년 2월 24일, 새로운 화장품법 시행 규칙이 발효되었다. 무척 많은 변화에 당황스러움이 앞섰지만, 일단 그 개정 의지와 의도는 긍정적이다. 가장 큰 변화는 일부 무책임한 수입업자나 불법적인 구매 대행 업자들의 행태를 제재할 수 있게 되었다는 것. 이로써 쁘띠 무역상들이 취급하는 제품들도 믿고 사용할 수 있게 되었으며, 화장품 사업이 균교법 경쟁력도 확보할 수 있게 되었다. 그동안 열심히 개정 규칙과 관련한 설명회에 부지런히 쫓아다녔다. 그 결과, 창업을 앞둔 쁘띠 무역상들이 알아야 할 사항들이 무엇인지 명백해졌다.

CHAPTER 1

이제부터 쁘띠 무역상은 제조판매업자다?

　　제조업도 아닌 제조판매업은 어쩌면 생소한 개념일지도 모르겠다. 이 책을 처음 쓰고 마무리하던 2012년 무렵, 새로운 화장품법 시행 규칙이 발효되었다. 당시만 해도 쁘띠 무역상은 제조업 등록도 의무적으로 해야 했다. 화장품을 직접 만드는 게 아닌 화장품을 포장하거나 표시하는 공정까지 제조업으로 간주했기 때문이다. 그 결과 여러 문제가 발생했고 상당한 민원이 발생했던 듯하다.

이에 2016년 2월 3일, 일부 법 개정이 시행되어 제조판매업자의 자격 기준이 완화되었다. 이제는 2차 포장 및 표시만의 공정을 행하는 사업자, 즉 화장품을 수입해서 한글 표시사항 스티커만 부착하는 쁘띠 무역상은 제조업 등록을 하지 않아도 된다.

제조판매업 등록을 한 쁘띠 무역상은 의무적으로 제조판매관리자를 두어야 한다고 명시했던 규정도 변경되어, 2016년 9월 21일~11월 1일의 입법예고에는 제조판매관리자를 책임판매관리자로 변경한다는 내용이 포함되었다. 제조판매관리자의 자격 요건도 매우 까다로웠던 처음에 비하여 상당히 완화되었다. 이처럼 화장품법은 계속해서 변화하며 시행규칙 또한 달라지는 중이다.

현행 법규에 따르면 제조판매관리자는 1년에 하루 법정 교육을 받아야 하고 평가 테스트를 통과해야만 자격을 유지할 수 있다. 교육은 한국의약품수출입협회(www.kpta.or.kr)나 (사)대한화장품협회(www.kcia.or.kr)에서 온라인으로 신청하고 참여할 수 있다.

제조판매업 등록은 관할 지방청에서 담당하며, 식품의약안전처 홈페이지를 통해 손쉽게 등록할 수 있다. 등록신청서를 작성하고 관련 서류를 첨부해 접수한 뒤 수수료를 납부하고 검토 및 결재 절차를 거친 후 등록이 완료되면 등록필증이 발급된다. 우리 회사의 경우 화장품법 시행규칙 발효 직후 등록 신청을 완료해서 최대한 빨리 등록 절차를 밟은 결과 7~10일 정도가 소요됐다.

> **TIPS**
>
> ### 제조업 및 제조판매업 등록 절차
>
> 식품의약품 안전처의 화장품 민원 신청 사이트인 https://ezdrug.mfds.go.kr/ 에서 회원 가입 후, 민원 신청을 하면 된다.
>
> **절차 및 단계**
>
> 회원가입iæ로그인→민원 신청→제출 서류는 JPEG나 PDF파일로 변환하여 첨부→수수료 납부→민원 심사→등록 면허세 통보→등록 면허세 납부→허가(신고)증 수령

CHAPTER 2

화장품 표시,
광고 관리 가이드 라인

화장품 광고는 TV CF나 잡지 광고만을 의미하지는 않는다. 온라인 쇼핑몰에서 제품 사진과 함께 게재되는 사용법 및 설명도 화장품 광고이며, 제품 용기에 붙이는 스티커 문구도 광고의 일종이다. 특히 화장품은 광고 중에서도 제재가 많고 까다로운 분야로 알려져 있는데 시행규칙 개정은 거의 매년 발표된다. 이 내용은 제조판매관리자 교육 과정에서 주로 공지하지만, 개인적으로도 관련 법령의 업데이트 상황을 수시로 확인하고 준수해야 한다. 설사 모르고 법을 어겼다 해서 봐주는 경우는 없기 때문에 책임감을 가지고 늘 정보를 가까이 해야 한다.

화장품이 들어 있는 종이 박스와 제품 용기 위에 붙이는 '국문라벨 또는 한글표시사항'이라고 된 스티커에 대한 사항이다. 1차 포장(제품용기)과 2차 포장에 각각 필수 기재/표시 사항이 정해져 있다. 이 항목 중 하나라도 빠져서는 안 되니 주의한다. 이러한 내용들을 기재하지 않고 판매하는 행위는 불법일 뿐 아니라 안정성을 의심할 수 있는 제품이므로 소비자의 입장에서 구매할 때도 이 사항의 기재여부를 꼭 확인하고 구매하기를 권하고 싶다.

포장 필수 기재/표시 사항

- 화장품의 명칭
- 제조업자 및 제조판매업자의 상호 및 주소
- 제조에 사용된 모든 성분
- 내용물의 용량 또는 중량
- 제조번호, 사용기한 또는 개봉 후 사용기간, 가격
- 기능성 화장품의 경우에는 기능성 화장품 표시
- 사용시 주의 사항
- 그 밖에 보건복지부령으로 정하는 사항

온라인으로 판매할 때는 상품 설명 페이지가 광고로 분류된다. 오프라인으로 판매할 때는 제품에 대한 광고 내용을 담은 리플렛이나 브로셔가 광고 관리를 받게 된다. 이 내용에 관해서도 여러 가지 준수사항이 있으나, 여기에서는 따로 다루지 않는다. 관련 내용은 보통 쇼핑몰에 입점할 때 담당 MD, QA/QC 담당자의 조언을 참고해서 따르면 되기 때문이다.

대한화장품협회의 사전 심의 제도

화장품 수입도 완료되었고, 유통 경로도 확보했으니 이제 신나게 장사를 하기만 하면 되는 상황이다. 그러던 어느 날 '상품 설명 페이지'의 문구 중 하나가 광고 관리 규제에 걸렸다는 연락을 받게 된다고 생각해 보라. 난감해진다. 과대 광고 판정이나 사용 금지 용어가 포함된 경우, 모두 불법 광고로 분류되어 판매 중지 제재를 받을 수도 있기 때문이다. 시간이나 비용도 문제지만, 제작한 광고를 모두 다시 만들어야 하는 상황이 되는 것이다. 이럴 때 신설된 '대한화장품협회의 사전심의 제도'를 이용하면 유용하다. 제품당 1만 원 정도의 심의비용을 지불해야 하지만, 마음 편히 판매를 시작할 수 있다.

3
CHAPTER

화장품 원료 규정의 큰 변화

이전까지는 INCI(International Nomenclature of Cosmetic Ingredients : 국제 화장품 용어 명명)에 등재된 성분만 수입하는 것이 가능했다. 문제는 새롭게 찾아냈거나 개발한 성분이 대부분인 화장품 수입의 경우, 그 성분이 대부분 INCI에 등재되지 않았다는 것. 따라서 새로운 화장품을 수입하는데 이 성분 제제가 꽤 큰 걸림돌이었다. 그런 점에서 달라진 성분 관련 사항들은 무척 반갑다. 앞으로는 식약청에서 수입금지 성분에 대한 '네거티브 리스트'를 발표하고 이외의 성분에 대해 수입을 허용하기로 한 것이다. 하지만 네거티브제를 시행한 이후에도 기존 성분에 대한 규정은 여전히 지속되고 있다. 최근에는 세계적으로 안전한 성분에 대한 소비자의 요구가 높아져서 수입 불가 성분을 포함한 화장품을 찾기 쉽지 않다. 그럼에도 성분은 언제나 가장 중요한 요건 중 하나이기 때문에 제조증명서 발급 단계에서부터 미리 검토할 필요가 있다.

검사 기관

대부분의 쁘띠 무역상들은 이미 검사기관과 계약을 맺고 철저히 품질 관리를 한 후에 판매하고 있다. 정식 수입업자의 경우, 한국의약품수출입협회를 통해 수입신고를 할 때 검사기관과의 계약서가 필요하기 때문이다. 그러나 병행수입이나 영세 업체의 경우 이를 준수하지 않아 품질 관리가 미흡한 제품들이 소비자들에게 유통되고 있는 게 현실이었다. 앞으로는 검사 미시행시 업무정지나 지정취소의 행정처분을 할 수 있는 조항이 마련됐다. 시험성적서를 거짓으로 발급하는 경우 행정 형벌을 부과할 수 있는 벌칙 조항도 신설됐다.

EPILOGUE

쁘띠 무역업 성공 조언 4

1 적절한 가격 정책으로 경쟁력을 확보하라

　　소비자들은 화장품을 고를 때 무엇을 따질까? 커버? 개인적 취향? 브랜드? 모두 틀린 말은 아니지만 그 바탕에는 '성분'과 '가격'이 존재한다.

　　착한 화장품의 첫 번째 조건은 '착한' 성분이다. 조미료 없이 양질의 재료로 음식을 요리하는 '착한 식당'과 같은 개념으로 이해하면 쉬울 것 같다. 화장품은 피부에 바르는 제품인 만큼 소비자들이 성분에 민감할 수밖에 없다. '착한' 성분이란 안전성이 입증된 성분들이다. 트렌드와 상관없이 소비자들이 꾸준히 선호하는 몇몇 성분들이 있다. 이 성분들은 쁘띠 무역상에게는 기초 지식에 해당하므로 반드시 알아두어야 한다('성분'은 경쟁력 이전에 베이스에 해당한다.).*

두 번째 조건은 가격 경쟁력이다. 저렴하면서 용량이 크다면 소비자들의 만족도는 높아질 것이다. 그렇다면 얼마나 싸야 할까? 이때 비교 대상이 되는 게 경쟁 브랜드이다. 다 똑같은데 상대적으로 가격이 저렴하다고 느낀다면 구매 확률이 높아진다. 포인트는 내 브랜드의 경쟁상대가 누구인지 정확히 파악하는 것이다. 엉뚱한 제품을 경쟁상대로 여기면 가격 정책에 실패할 가능성이 높다.

그렇다고 무조건 저가 정책을 고수하는 것은 바람직하지 않다. 경기에 따라 선호하는 가격대가 달라지기 때문이다. 일반적으로 경기가 불안하거나 침체 요소가 있을 때 소비자들은 좋은 제품, 대용량, 저렴한 가격의 제품을 찾는다. 반대로 경기가 회복세를 보일

---

* 사실 이 책을 쓸 당시만 해도 '착한 성분'에 주력한 업체는 우리 회사 하나뿐이었다 해도 과언이 아니다. 성분보다는 좋은 향이나 부드러운 발림성 등에 집중했는데 최근에는 거의 모든 화장품 회사들이 성분을 주목하고 있다. 그만큼 케미컬에 대한 사건 사고가 많았고 소비자들의 공포가 커졌기 때문이다.

때 소비자들은 약간의 사치를 부린다고 느낄 만한 가격대의 제품을 선호한다. 화장품은 필요에 따라 사기도 하지만 정신적 만족감을 누리기 위해 구입하는 경향도 있기 때문이다.

가격을 결정하는 데 고려해야 할 변수는 매우 다양하다. 수익과 비용, 제품 수명, 경쟁 상대의 가격과 가격 정책의 변화, 경기의 호황/불황 등을 따져서 최적의 가격을 정해야 한다. 그러나 한 가지 명심할 것은 이런 가격 책정 방식은 철저히 판매자 입장에서 하는 것이고, 소비자 입장에서는 또 느낌이 다를 수 있다는 사실이다. 그래서 소비자의 반응을 살피려는 자세가 중요하다.

2 유통채널을 현명하게 확장할 것!

해보면 알겠지만 유통채널 확대 문제는 모든 쁘띠 무역상의 공통된 고민이다. 우리는 다행히 일찍부터 유통채널 확대를 준비해 왔고, 순조롭게 넓혀왔다. 최근 비슷한 규모의 수입사 사장님들과 교류가 잦은데 그들이 부러워하는 것도 브랜드 인지도가 아니라 유통 채널 관리에 관한 부분이다.

초기 우리 회사는 온라인 쇼핑몰을 주력 유통채널로 활용하며 브랜드를 런칭했다. 그러다 6~12개월 지나는 시점에서 순차적으로 오프라인으로 확대했다. 유통채널을 확대하는 이유는 '계란을 한 바구니에 담지 말고 분산시키기 위해서'이다. 한 채널에만 집중하게 되면 자칫 여름 한철 장사로 종칠 수가 있기 때문이다. 그래서 나누어 담는 전략이 필요하다. 다만 변수가 있다. 채널이 다르다는 말은 시장이 다르다는 말이고, 시장이 다르다는 말은 소비자가 다르다는 말이다. 소비자에 대한 이해 없이 채널만 확대하는 것은 사막에서 팔던 얼음을 북극 가서 파는 꼴이 된다. 채널을 확대할 때는 반드시 소비자의 특성을 파악하고 있어야 한다. 하나씩 살펴보자.

개방적인 온라인 전문몰

온라인 수입화장품 쇼핑몰(우리끼리는 '전문몰'이라고 부른다.)의 고객들은 새로운 트렌드에 개방적이다. 낯선 제품도 선뜻 구매하는 경향이 있다. 이런 이유로 전문몰은 브랜드를 처음 소개하는 시장으로 적합하다. 전문몰 고객들은 블로그나 화장품 카페 활동도 활발한 편이어서 온라인을 통한 입소문의 근원지가 된다. 여기서 입소문을 타지 못하면 다음 단계로 진입이 용이하지 않다.

보다 보수적인 온라인 종합쇼핑몰

전문몰을 통해 입소문이 났다 싶으면 다음 단계로 온라인 종합쇼핑몰의 화장품 카테고리에 입점한다. 흔히 '종합몰'이라고 부르는 이곳들은 대부분 오프라인에 백화점을 운영하거나 홈쇼핑 방송을 진행하는 대기업의 자회사로 이곳에서 쇼핑을 하는 고객들은 전문몰 고객보다 보수적이다. 조금이라도 검증된 제품을 선호한다는 말이다.

가장 보수적인 오프라인 매장

종합몰에서 호응을 얻게 되면 다음 단계는 오프라인 매장을 시도할 수 있다. 온라인 쇼핑몰 고객들은 사용 후기를 살펴보고 최종적으로 가격을 비교하며 구매를 결정한다. 반면 오프라인 매장 고객들은 '직접' 체험하고 구매해서 '바로' 사용하는 성향을 갖고 있다.

소문으로 듣던 그 제품이 자신에게 맞는지 한 번 더 체크해보는 것이다. 조금 더 보수적인 소비자들이다.

이처럼 유통은 소비자들의 성향과 특성이 제각각인 만큼 어느 한 곳에 독점공급을 하는 것보다는 다양한 채널을 두루 활용하되 적절히 조율하면서 운영하는 것이 바람직하다. 요즘에는 온라인 면세점의 활성화로 대형 유통사나 대기업의 제품이 아니더라도 제품력만 인정된다면 면세점 입점도 가능하다. 이렇게 점차적으로 인지도에 따라 조금씩 조금씩 보수적 소비가 이뤄지는 유통채널로 진입하는 방법을 추천한다.

유통채널별 시장 규모/성향

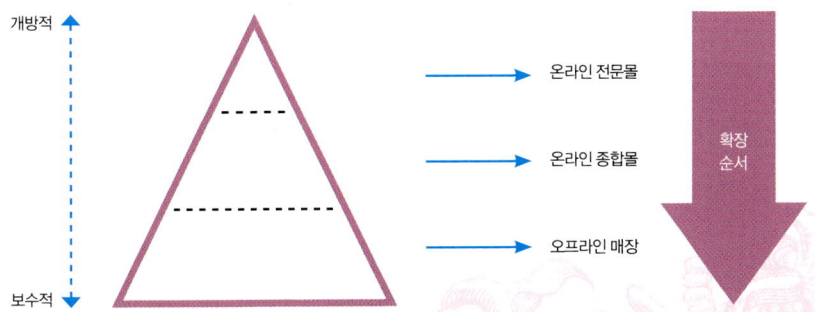

3 트렌드에 민감하면서도 둔감하라

"한국처럼 트렌드가 빠르고, 트렌드에 목숨 건 나라는 없다."

미국 시민권자인 사촌이나 해외에서 거주 중인 선후배들이 가장 많이 하는 말이다. 화장품 시장도 예외는 아니다. 실제로 2010~2011년 사이를 돌아보면 한동안 틴 케이스 립밤이 인기 상품이었고 또 한동안은 '3초 동안 비법'이라며 페이스 오일이 인기를 끌었다. 홈쇼핑에서는 달팽이 크림이 아니면 팔지 않았던 시절이 있었고 연일 풋 스크럽제만 판매했던 적도 있었다. 그리고 2012년 초에는 모두가 진동 파운데이션을 팔았다. 하지만 이제 진동 파운데이션은 구시대의 유물 같은 존재가 되어 홈쇼핑에서 자취를 감추었다. 진동 파운데이션에서 쿠션 파운데이션으로 트렌드가 옮겨간 지 이미 오래다. 쿠션도 어느 순간 사라질지 모를 일이다.

화장품 최신 트렌드? 물론 중요하다. 세상 돌아가는 데 무관심하며 마이 웨이를 할 게 아니라면 반드시 살펴야 한다. 하지만 동시에 트렌드에 둔감할 필요도 있다. 트렌디한 제품은 단시일에 엄청난 매출을 올렸다가 새로운 트렌드의 출현과 함께 소리 소문 없이 사라지는 경우가 허다하기 때문이다.

한마디로 브랜드 생명력이 긴 제품은 트렌디하지 않고 트렌디한 제품은 브랜드 생명력이 짧다는 약점이 있다. 트렌드를 선택하든 브랜드를 선택하든 그건 각자의 몫인 것 같다. 다만 나눠 담는 전략이 이 경우에도 적용되는 것 같고, 무엇보다 중요한 것은 자신이 선택한 브랜드가 트렌디한지 그렇지 않은지를 파악해야 한다는 점이다. 트렌디한 제품을 트렌디하지 못하게 판매하거나 트렌디하지 못한 제품을 트렌디하게 판다면 과연 잘될 수 있을까?

4 출혈 경쟁을 대비하라

외국의 본사와 거래를 시작할 때 빠지지 않는 질문이 있다.

"우리 브랜드를 수입하게 된다면, 얼마나 오랫동안 한국 시장에서 판매할 계획인가요?"

한국 무역상과 거래를 해본 외국 업체들은 한국의 수입사들이

2~3년만 지나면 수입을 중지한다는 점을 우려한다. 동시에 국내 소비자들이 우리에게 많이 하는 말도 '이 제품 정말 마음에 드니까 오랫동안 팔아주세요.'다. 유행에 끌려 다니지 않는 일부 소비자들은 본인들이 선호하는 제품이 수입 중단되는 사태를 여러 차례 경험한다.

안타까운 이야기지만 화장품 시장에서 스테디셀러를 찾아보기는 쉽지 않다. 왜 그럴까? 트렌드가 바뀌어서? 아주 틀린 얘기는 아니겠지만 보다 본질적인 문제가 있다. 출혈 경쟁 때문이다. 적정 제품 가격이 무너지게 되면 팔아봤자 이윤이 남지 않기 때문에 상품 공급을 중단할 수밖에 없다. 하루 이틀 이야기는 아니다. 판매자부터 구매자, 그리고 시장을 흐리는 사람들까지 모두 현명한 판단을 할 때다.

선배 쁘띠 무역상들은 수입 화장품의 브랜드 생명력을 3~5년 정도 내다본다. 이 짧은 기간 동안 수익을 거둬야 하기 때문에 경쟁이 치열해지고 제살을 깎는 일도 벌어지는 것 같다. 판단은 스스로 내릴 일이다. 다만 나는 80~90년대 목욕 후에 모두가 하나씩 꺼내

발랐던 보디오일이 지금도 전국 모든 마트에서 한자리 당당히 차지하고 있는 것처럼, 오랫동안 우리가 수입한 브랜드들이 국내에서 판매되는 꿈을 꾼다. 우리나라에서 2~3년 만에 사라지는 제품들은 사실 외국에서는 장수 브랜드인 경우가 적지 않다. 실제로 우리 회사에서 취급하는 제품들은 자국에서 170년 된 것과 25년 된 브랜드다.

어쨌든 쁘띠 무역상을 하게 되면 출혈 경쟁이라는 문제에 부딪칠 가능성이 있다. 스테디셀러에 대한 꿈은 버리지 말되, 제품 수명이 3~5년이라는 사실도 명심해야 하고, 언제든 시장을 교란시키는 사람들이 나타날 수 있다는 사실도 가슴에 새기며 미리미리 대비하는 것이 바람직하다.